儿童青少年心理疾病案例集

张文武 主编

·北京·

图书在版编目（CIP）数据

儿童青少年心理疾病案例集 / 张文武主编. —北京：科学技术文献出版社，2021.12（2025.9重印）
ISBN 978-7-5189-8756-6

Ⅰ. ①儿⋯　Ⅱ. ①张⋯　Ⅲ. ①青少年—心理健康—健康教育—案例　Ⅳ. ① G444

中国版本图书馆 CIP 数据核字（2021）第 262258 号

儿童青少年心理疾病案例集

| 策划编辑：孙江莉 | 责任编辑：巨娟梅　张瑶瑶 | 责任校对：文　浩 | 责任出版：张志平 |

出　版　者	科学技术文献出版社	
地　　　址	北京市复兴路15号　邮编 100038	
编　务　部	（010）58882938，58882087（传真）	
发　行　部	（010）58882868，58882870（传真）	
邮　购　部	（010）58882873	
官方网址	www.stdp.com.cn	
发　行　者	科学技术文献出版社发行　全国各地新华书店经销	
印　刷　者	北京虎彩文化传播有限公司	
版　　　次	2021 年 12 月第 1 版　2025 年 9 月第 4 次印刷	
开　　　本	710×1000　1/16	
字　　　数	201千	
印　　　张	12.5	
书　　　号	ISBN 978-7-5189-8756-6	
定　　　价	48.00元	

版权所有　违法必究

购买本社图书，凡字迹不清、缺页、倒页、脱页者，本社发行部负责调换

编委会名单

顾　问：胡珍玉

主　审：禹海航

主　编：张文武

副主编：程　芳　金　琼

编　委（按姓氏笔画排序）：

王淑君　付福音　朱珍珍　庄文豪　刘晓丽

汪贝妮　张文武　邵子华　金　琼　周　琪

周东升　胡长舟　胡宏娟　胡莎莎　徐学文

程　芳　黎兴兴

前言

近年来，儿童青少年心理疾病患病率有明显上升的趋势。尤其在疫情后，儿童青少年情绪问题及自杀自伤等行为问题非常突出，令人担忧。据2020年南京的调查报告显示，中学生人群中非自杀性自伤行为发生率较高。儿童青少年抑郁症患病率显著提升，并且有逐步低龄化的趋势。

儿童青少年心理问题的频发给家庭、学校及医疗服务机构都带来了很大的挑战。尽管教育部提出了给学生减负，将学生抑郁症筛检纳入常规体检等举措。但面对如此严峻的挑战，国内儿童青少年心理服务的资源和能力还是远远不足的，包括儿童青少年心理服务人员人数稀少、能力不足等。

儿童青少年心理问题的成因错综复杂，涉及个体的发育、养育情况，个体在每个心理发展阶段面临的压力、困难，家庭、学校及社会环境对个体的影响等各种因素。需要从系统的角度去理解儿童青少年心理问题，这样才能做出有针对性的干预。本书收集了儿童青少年心理门诊常见典型案例，包括注意缺陷多动障碍等神经发育问题，儿童青少年常见焦虑障碍、抑郁障碍等心理疾病。同时，本书从疾病概念、心理机制及家长建议等角度对案例进行了详细分析，希望能为精神专科医生、学校心理老师及家长

提供参考。

参与本书编写的人员有儿童精神科医生及心理咨询师。因为时间不足、篇幅有限，本书不能涵盖所有的心理问题。并且，每位编写人员书写风格不一，对临床案例处理经验和理解不同，本书难免存在疏漏及不足之处，敬请各位读者批评指正！

目录

第一章　导言：走进孩子的内心世界 \ 1

第二章　学龄前常见心理问题 \ 14

　　　　迟迟不开口的孩子 \ 14

　　　　孤独的青青 \ 19

　　　　过目不忘的小天才 \ 24

　　　　坐不住的小男孩 \ 31

　　　　入园困难宝宝 \ 34

　　　　难养的孩子 \ 39

　　　　在社交场合不愿叫人的孩子 \ 42

　　　　容易生气的孩子 \ 46

第三章　学龄期常见心理问题 \ 50

　　　　注意力不集中的孩子 \ 50

　　　　总是在学校闲不住的孩子 \ 55

　　　　学习困难的小孩 \ 60

　　　　妈妈眼里的问题男孩 \ 68

　　　　总是眨眼睛的小 C \ 73

　　　　把垃圾当成宝的男孩 \ 79

长期头痛的孩子 \ 81

惆怅青丝断 \ 85

睡觉不踏实的小男孩 \ 89

被欺凌的孩子们 \ 92

总和弟弟过不去的女孩 \ 97

与妈妈黏在一起的大男孩 \ 100

第四章　青春期常见心理问题 \ 104

无法正确释放压力的女孩 \ 104

抑郁的孩子 \ 107

在失落中无法自拔的女孩 \ 113

冰火两重天 \ 116

身陷猜疑漩涡的大男孩 \ 119

洁癖男孩 \ 124

做噩梦的男孩 \ 129

为成绩不理想而崩溃的男孩 \ 131

沉迷游戏的孩子 \ 135

狂吃狂吐的少女 \ 139

时常断片的女孩 \ 142

喜欢女性衣服的男孩 \ 145

刺猬一样的少女 \ 148

不听话的孩子 \ 153

特立独行的男孩 \ 156

总和别人合不来的孩子 \ 159

二次元女孩 \ 163

为何家会伤人——为父母不幸背锅的孩子们 \ 166

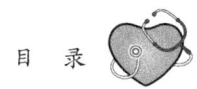

第五章 儿童青少年心理疾病的物理治疗 \ 172

睡不着的女孩 \ 172

顽皮好动的小男孩 \ 175

无法控制自己的孩子 \ 178

又找到了快乐的女孩 \ 181

灵感缺失的高中生 \ 185

爱眨眼、耸肩的小女孩 \ 188

第一章 导言：走进孩子的内心世界

知道吗？小婴儿在呱呱坠地之前就已经拥有了一段不平凡的经历。当他们还在母亲体内时，一部分来自遗传信息的影响在出生前就开始了，另一部分影响则来自环境因素，环境因素使得新生命在母亲体内的 10 个月里会经历各种事件的影响。生命的成长过程中，遗传因素和环境因素都为造就独一无二的婴孩提供了变量。

1. 婴儿期（0~1 岁）

婴儿出生后的第一年对父母和婴儿来说都是极具挑战的。婴儿最早通过"嘴"来认知这个世界。当他们饿了的时候，会有及时的乳汁送入口中，这会让婴儿认为自己有强大的力量可以控制乳房（或奶瓶），这种掌控感让他们感到安心。婴儿通过吮吸母乳接触母亲温暖的身体，从而与母亲建立亲子间爱的关系，这促进了母亲与婴儿之间的情感联结。他们会把任何东西送到嘴里来感知物体和自己的关系。例如，他们会乐此不疲地通过吃手吃脚来感知"这是自己的手和脚"，又或者是通过吃各种手边可以抓取的物品来感知"这是什么"。

婴儿也需要母亲帮助他们感觉自己的身体，如母亲的爱抚。最初几个月的良好感觉会帮助婴儿构建起充满爱意的内在父母形象，这会成为他们终身的资源，是发展早期信任感的源泉。当婴儿体会到这种稳定而持久的联系是完全可以依赖的时候，他们就能对环境产生信任感和安全感，情绪也就能稳定发展。

不同的婴儿，出生时的气质也不同。气质由婴儿对环境的特征性情感

和行为反应方式组成。有的是"容易"的婴儿,有的是"慢热"的婴儿,还有一小部分婴儿具有"困难"的气质。气质有着一定的生理基础,并影响着婴儿如何感受自己。婴儿与父母气质的匹配很重要。有些新手父母会因为与婴儿气质不匹配而感到疲惫不堪,他们会苦恼于婴儿的非言语行为要表达的是什么信息,甚至可能在区分婴儿哭声代表的含义时就已经感到崩溃。在起初的几个月,婴儿的母亲是否得到家人很好的支持显得尤为重要。如果是独自照料婴儿,母亲对角色的胜任感会对婴儿的成长产生较大的影响。因为对于这一阶段的婴儿来说,其欲望主要通过口部及皮肤获得刺激而得到满足,因此养育者——母亲,对婴儿需要及时的回应、照顾、拥抱和安抚。母亲的情绪稳定,婴儿才会觉得这个世界是安全的。

在这一时期,婴儿的情绪交流能力也会越来越强。他们高兴的时候会笑,甚至手脚一起动来动去;他们生气或害怕的时候,就会大哭。外部刺激会引发情绪并反馈给身体,继而身体会产生某种生理反应,形成"情绪链"。"情绪链"不断重复,婴儿就会形成稳定的情绪反应,然后逐步形成稳定的人格。这个时期对父母来说会是一个极大的考验,因为在成人掌握了语言后,其情绪交往能力会被削弱。父母需要具有识别婴儿非言语情绪的能力,搞清楚情绪产生的原因,这样才能采取相应的行动来回应婴儿。

养育孩子的过程,孩子才是主角,父母是配角。养育0~1岁的婴儿就像是在打地基,父母跟婴儿的每一次互动都影响着他们未来的人格和人际交往模式。每个父母对孩子的行为都会形成个性化的解释,而这种个性化的解释是与父母自己的成长、个性、世界观及经历一致的。

2. 幼儿期(2~3岁)

此阶段,幼儿会被训练在一定场所大小便,练习控制肛门与尿道的括约肌,他们会通过排泄解除压力而获得快感。这一时期的关键是学习如何控制、驾驭自己的生物本能和生理机能,从而适应现实的世界。有些幼儿会对父母的大小便训练产生冲突和抵抗的情绪,如果幼儿总是胜利,他们就有可能形成脏乱、浪费、放肆、不修边幅的性格特征,但如果排便训练过于严格,也可能造成幼儿过分整洁、吝啬、固执的性格特征。有些幼儿还会把玩排泄物,并把它们当成礼物送给最爱的父母,这对父母的接纳能力是一大挑战。

此时期的幼儿,其肌肉和神经系统的整合能力增强。他们学会了说话,迈出了自己人生的第一步,有安全感的幼儿开始独立地探索周围环境。他们第一次掌控自己要去哪里,要去干什么,对周围事物有着强烈的好奇心。这种感觉看起来很美好,但其实他们内心也是矛盾的。他们可能前一秒还显得很勇敢,下一秒就会拽着大人们的衣角希望获得协助。父母需要知道的是,此时幼儿只是需要一些练习,来确认自己的离开是安全的,然后回来的时候父母依然会保护他们。幼儿需要通过自己的力量来满足自己的好奇心,同时又需要感知到安全,这样他们才能逐步建立起自信。

他们有处处想要显示自己力量的需要,不喜欢大人们的控制。"我"的观念逐渐形成,他们有了一定的自我意识,会逐渐用"否定"句来对抗大人们的意愿,进入人生"第一反抗期"。这时期的照顾者会发现,那个听话的"小人"开始变得"你说东,他往西",反抗大人们的想法成为他们的一种生活乐趣。这时期的他们也会惊讶于世界的广阔,他们似乎有着用不完的精力,总想要出门释放天性。他们还会乐于"帮忙",如帮忙做家务,尽管他们的帮忙在大人们看来更像是在玩乐,但是他们是真的很认真地在体验自主感。

这一时期的他们既需要依赖大人们,又对抗大人们。因此需要父母给予幼儿适当的自由,顺势发展其自尊感、自主感。要了解到幼儿每一次的自我表达都是在发展自我认同,都是在认知自己是什么样的人。他们会越来越有主见,逐渐显示出独特的人格特质,这也就是我们老话常说的"三岁看大"。但同时,对这一时期的幼儿来讲,表达自我和搞破坏只有一线之隔。所以,父母同时又需要给幼儿的行为加以一定的限制,设立行为边界,制定规则,帮助他们形成良好的自制能力。过度的限制和惩罚都不利于幼儿形成积极的人格特质。

3. 儿童期（4~5岁）

这一时期的儿童在心智上的发展非常迅速，每天都会出现一些新鲜的变化，经常会让父母感到特别惊讶。此时，他们的逻辑推理能力开始萌芽，他们就像一个行走的"十万个为什么"，总是有那么多关于"为什么"的好奇把父母问得是哑口无言。他们会开始询问"他们是从哪里来"的问题，也会思考"人死了之后会去哪里"这样的人生议题。父母可能会对他们提出的一系列问题感到烦躁、无助、挫败。父母要做的不是成为一个行走的"百度"，而是要保护孩子对这个世界的好奇心，让孩子感受到他们的问题很有价值、很有意思，父母与孩子可以一起通过搜索、查阅书籍来寻求答案。

心智发展的过程中，儿童知觉的准确性、动作的精确性、语言表达的精练性和思维的创造性都有较大的发展。此时，游戏起到了特别重要的作用。玩游戏是儿童的天性，现在这个时代可供儿童选择的游戏类型非常广泛，如益智类、运动类、职业模仿类等。儿童在游戏中模仿成人生活，使心智得到进一步发展。游戏可以成为儿童表达自身情绪的方式，他们可以把某种情绪寄托在游戏中。例如，男孩大多喜欢奥特曼，他们会自己把玩各种奥特曼并在脑海里呈现奥特曼大战怪兽的场景。通过游戏，男孩感受到了英勇。游戏也能让孩子感受到掌控感、主动感。例如，孩子会通过玩过家家的游戏，来体会照顾别人的感受，他们可以充分感知到控制感，自己当"父母"来决定晚餐吃什么，决定他们的"孩子"可以做什么。

这一时期的儿童开始注意到性别差异。在玩游戏的时候，他们可能就开始意识到性别带来的不同。男孩可能会更喜欢舞刀弄枪、汽车模型之类，而女孩可能更喜欢给娃娃挑衣服。这时期儿童的发展重点是对性别差异的认知及建立适当的人际关系。他们会开始注意几个层面的社会关系。

首先是和父母的关系。起初孩子会表现为对异性父母的依恋，他们可能会嫉妒父母的夫妻关系，会表达一些可爱的宣言，如"等我长大了我要娶妈妈，爸爸到时候你要住在哪里""我长大了要嫁给爸爸"等，弗洛伊德称之为"恋父/恋母情结"。但这种幻想是不被社会规范所接受的，于是孩子转变为对同性父母的认同。此时父母需要适当地表达夫妻感情的恩爱，展示夫妻关系的不可替代性，帮助孩子建立边界。如果父母的感情不佳，甚至已分床分房，那么此时父母可能就需要考虑希望带给孩子一个怎样的家庭关系，或者如何让孩子保持好与异性的边界。父母和孩子的良好三角关系还需考虑父母的教养方式，有些家庭父母的教养方式经常不一致，一个松一个紧，分裂的教养方式会让孩子感到混乱。我们希望父母双方都可以做到严格管教、不带敌意的坚决，同时也能做到温柔地安抚。这样一来，家庭规则就是始终稳定的、一致的。

其次是和同胞的关系。父母需要知道同胞之间就是竞争和友谊并存的关系。可能起初老大会兴奋于自己可以成为一个哥哥或姐姐，但当他们意识到父母尤其是妈妈在全心全意关注那个新生儿时，他们的内心会感到难以接受，甚至想要回到自己小时候，成为一个也能被全然照顾的小婴儿。此时，如果父母不了解老大内心的感受，只是一味要求老大懂事，要求老大有着哥哥或姐姐的责任感，那么这只会扩大同胞间的矛盾。所以，父母需要给到孩子安全的环境，让他们学习竞争、学习处理冲突。

最后是和同伴的关系。孩子开始上幼儿园，开始了家庭以外的社交环境。如何对幼儿园老师清晰地表达自己的想法、结交新朋友，是这一时期的孩子需要面临的挑战。他们中的有些孩子可能会表现得害羞、胆小，有些孩子会表现得喜欢发号施令，有些孩子会受到欢迎，有些孩子会出现使用暴力的现象，还有些孩子可能会出现适应障碍，这些都需要父母耐心引导。

在发展心理学家埃里克森看来，这一时期的儿童的发展任务是获得主动感，克服内疚感，体验实现目标的快乐。他们对周围世界探索的主动性大增，但行为犯错会受责罚，或行为不切实际会受阻碍，往往又会让他们产生内疚感。如果父母过度约束儿童和不当惩罚儿童的探索活动，那么这将损害其主动性，甚至使其形成专制人格；但对儿童主动性的过高期望，也会使其因遭受挫败而自卑。

4. 少年期（6~11岁）

这一时期，学习成为孩子的主要任务，他们勤奋学习，力求成绩优秀并在同伴中争得一席之地，由此产生了勤奋感。如果孩子仍旧依赖父母，未做好学校生活的准备，那么他们将对自己缺乏信心，因而产生自卑感。由于影响其发展的环境因素由家庭转向了同伴、学校和社会，所以老师与同伴的认可和学业的成功将帮助其发展勤奋感。反之，将使其感到无能和自卑。

心理学家皮亚杰认为这个年龄的孩子认知水平发展到了具体运算阶段，在分类、数字处理、时间和空间概念的理解上有了很大进步，逐渐能运用符号进行有逻辑的思考，并且逐渐走出自我中心主义，开始学会换位思考。同时，他们开始有比较清晰的关于真实和虚假的判断。例如，他们会知道圣诞老人不是真实存在的，说话也有真话和假话的差别。这些都让他们开始有能力更好地辨别现实中的一切，并将现实世界和自己的想象世界区分开来。在之后的日子里，他们的这种现实感会越来越强。这一时期，孩子的阅读识字能力进一步发展，而语言能力的发展也进一步带动了思维能力的发展。如果孩子能很好地掌握语言，能在阅读中学会享受文字带给他们的乐趣，那么他们就可以获得更丰富的体验，为自己打开一扇通向丰富多彩世界的大门。此时，如果父母希望孩子可以养成阅读的习惯，父母要做的是在家庭中营造出一种整体阅读的氛围，让孩子自然地融入进来。

在这一时期，孩子对异性萌发的兴趣进入暂时潜伏不明显阶段，故弗洛伊德称这个时期为"潜伏期"。此时，男孩、女孩界线清晰，游戏活动等都以同性同伴为主。潜伏期少年的主要发展特点之一是建立性别上的角色与认同，男孩向父亲学习如何成长为男人，女孩向母亲学习如何成长为女人，他们解决并脱离了前一时期的恋父或恋母情结，准备成长进入青春期。他们对家庭的依赖持续减少，随着认知能力的发展，他们看待世界的观点和角度开始变化。在6岁以前，他们会相信父母无所不能，这是他们安全感的来源。但6岁之后，他们开始有了一定的人生经历，对世界的理解加深,他们发现父母不是全能的,也有做不到的事情。但此时,父母在孩子心中的权威地位暂且未发生根本性的动摇,父母的关注仍然是他们特别重视的事情。父母会发现孩子在此时开始不喜欢和自己亲近了,会抗拒一些亲密行为。独立意识进一步萌发,他们对父母的依赖会进一步减少,并且开始具有了明确的身份意识,逐渐接受了自己不是世界中心这件事,同时开始更细致地思考自己在家庭中的角色。多子女家庭的孩子会逐渐意识到并接受父母并不完全属于自己,还属于自己的同胞,也属于他们彼此。他们能够重新看待自己在家庭中的位置,重新理解自己和其他家庭成员的关系,并处理因此产生的失落感。此时,他们逐渐拥有的换位思考能力会发展出同理心,这让他们开始注意其他人的想法和感受,帮助他们更容易接受兄弟姐妹和自己一起分享父母的爱与关注。

此时的孩子开始进入小学阶段的学习,他们将注意力更多地从家庭转移到学校。他们会把老师当成新的权威来膜拜,同时对老师也有着更多期待,他们渴望获得老师的关注。有的孩子在这一阶段会受到挫折,因为他们把老师看作父母,把同学看作同胞,用处理家庭成员关系的方式来处理学校事务。因此,他们需要学习新的规则,适应新的人际互动方式。他们需要获得老师的认可和反馈,在社交互动上,他们也需要成人的鼓励和帮助。他们需要练习和培养建立友谊关系的能力,感受付出与收获,感受彼此间的尊重,学会接纳差异。

5. 青春期(12~17岁)

从少年期进入青春期,性会成为一个格外凸显的因素。他们的第二性征开始发育,在生理上开始具备生殖的能力。性好奇、性冲动和性焦虑强烈地影响并刺激着青少年。大部分孩子是在12~14岁开始进入青春期的,他们在性特征上越来越像成人。但他们的生理发育速度不是相同的,不同的发育速度会对青少年的心理产生不同影响。发育早的女孩身材正在变得凹凸有致,且迎来了月经初潮,体型轮廓也快速变化,体重急速增加,开始有了自己的闺密小团体。男孩也会感受到身体变化带来的反应,会迎来第一次梦遗。他们开始长出体毛和青春痘,体格变得强健,声音也不一样

了。他们更喜欢聚在一起进行各种体能活动，身上总有一股汗味，这是他们建立自信的方式。

这一时期的青少年刚刚告别了童年，但又没有成年。在这个阶段，他们的身体发生了巨大的变化。与此同时，他们的情绪也很容易起伏。对这些生理上的变化，他们从否认到困惑，到担心害怕，再到开始了解、放下心来，最后感到开心——自己终于长大了。他们既骄傲又厌恶，既兴奋又担心，他们渴望被了解，又不想被了解。这些强烈的冲突，会让他们焦虑不安。

跟童年时期相比，此时的他们试图摆脱父母的控制，让自己能够自主自立，和父母发生冲突的频率更高，火药味也更浓，进入所谓的"第二反抗期"。青少年在生理上的快速发育，尤其是性成熟，让他们的情绪更容易波动。随着逻辑思维能力逐渐发展成熟，他们的自主意识也明显增强。他们不愿事事都受父母的指挥，但在经济上，他们还需要依靠父母，这种独立与依附的矛盾心理很容易引发冲突。而他们的父母往往低估了青少年的成熟度和自主性。孩子已经长大，有些父母却没有及时更新自己的教养方式。继续把他们当小孩子，给他们制定规则、安排活动，没有给他们充分的尊重和沟通，就容易引发矛盾和冲突。有时候，父母会沉浸在自己的一套理论中，习惯或想当然地对孩子的言行做出负面解读，认为孩子是在故意使坏，挑战自己的权威，于是便训斥、惩罚孩子。如此，父母与孩子便陷入了恶性循环，矛盾便会进一步激化。

父母需要了解到对这个年龄段的青少年来说，他们的核心诉求是建立自我同一性和渴望得到父母的尊重。所谓"自我同一性"，简单来说，就是一个人对"我是谁""我会成为什么样的人"等问题形成连贯、统一的认识。他们将努力整合别人眼中的"自己"与自己心中的"自我"及"理想自我"与"现实自我"。青少年需要去探寻自己和他人的差别，认识自身，明确自己更适合哪种社会角色。达成了同一性的青少年，对自己的优缺点会有清晰的认识，对自己的未来也会有一定的目标，他们可以热情地投入学习、工作和生活，因此会表现得更成熟，心理也更健康。遗憾的是，有些父母会采取一些不当的做法，影响孩子自我同一性的发展。例

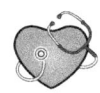

如，有些父母太过强势，他们把自己的标准和愿望强加到孩子的身上；有些父母不允许孩子有秘密，要求孩子什么事情都需要报备，甚至对孩子的交友、出行强加干预，以至于孩子忽视自己的真实想法，不敢再冒险尝试和探索。他们可能会显得乖巧，看起来符合父母的期待，但可能他们压根就不知道自己将来要干什么。所以，青春期的孩子不叛逆、不捣乱、没有秘密，可不见得是好事。父母需要理解和包容他们，接受他们的躁动和不安。别看他们一副嚣张跋扈、不可一世的样子，其实他们在这个阶段的自尊水平普遍不高，经常会感到空虚失落。他们的自尊建立在父母对他们的尊重上。父母可以试着和孩子进行良好沟通，不要急于下判断或纠正，要耐心倾听孩子的想法，给他们尊重和关爱。

  这一时期的青少年在疏远父母的同时，会更亲近同伴。他们花在同伴交往上的时间会越来越多。青少年对友谊的理解发生了微妙的变化，他们的交友模式也发生了改变。他们不再像小时候那样一起玩游戏，而是在聊天中深度分享自己的想法和感悟。青少年的友谊更强调亲密性。他们想要维持一段好的友谊，就需要懂得如何自我表达，如何为朋友提供情感支持，以及如何在不伤害感情的前提下处理各种分歧。这些就涉及沟通、表达、问题解决和共情等能力了。友谊促进了青少年的社会化，很多青少年就是在一次次友谊开始与破裂的过程中，逐渐发展出这些社会能力的。但值得注意的是，并不是每个青少年都能顺利地开展一段友谊。此时，父母应该理解并协助孩子解决这个问题。

  全社会从来没有像如今这个时代一样如此关注孩子的养育，父母也没有像现在这样如此费心于孩子的教育问题。笔者在门诊经常接诊到焦虑的父母拖着自家孩子来心理咨询，希望心理师能给予魔法般的帮助。每一位父母的神情都是那么迫切，在他们的讲述里，自己已经精疲力尽，为孩子呕心沥血，但孩子似乎一点都不领情，这让父母非常愤怒和暴躁。也有父母带着自己的疑惑过来寻求心理师的帮助，希望从自身改变来带动孩子的行为改变。而在孩子的讲述里，他们同样经历了非常多烦恼和痛苦，空前的学习压力和父母期待的眼神让他们感到压力山大。他们不敢放松、不敢懈怠，周末穿梭在各个补习班。有些孩子因为在学业上一直体验不到成就

感,同时又得不到鼓励和支持,以至于一直感受挫败,使得他们早早地就习得性无助,对改变不抱有希望。甚至有些孩子开始思考,这样的学习、生活的意义。父母非常惊讶于孩子为何会有这样的想法,因为在他们看来,他们给了孩子自己小时候没有的物质生活和经济保障,甚至从出生开始孩子的吃穿用都是最好的,但却换来孩子的不理解。如今的父母正面临着前所未有的挑战,他们需要及时更新自己的养育方式和养育观念,需要付出比父辈更多的精力和时间,了解更多的养育知识,无法像父辈那样只是让孩子吃好穿暖就行了。

我们需要从时代背景下来看待当代孩子的成长正在经历着什么。电影《零零后》是中国唯一一部长时间记录孩子成长的纪录片,张同道导演用12年时间,清晰地为观众呈现了时间和教育如何给两个特别的00后孩子,从身体到内心带来成长与蜕变。在这里,"00后"不仅是一个以10年为时间间隔划分的普通称谓,而是与过去的中国人截然不同的"物种",是有"世界观"的"新人"。他们用和我们上一辈人不同的思维方式认知这个快速变化的世界。他们在发展迅猛的互联网时代用着5G般快速更迭的思维处理着来自这个世界的信息。很多父母会讶异于孩子上手电子产品的速度,甚至没有人教过他们,他们就会驾轻就熟地使用电子产品。

从马斯洛的需求理论来讲,当代孩子从一出生就被满足"生理需求"和"安全需求",直接跨越到"社交需求"这一步。而他们的父辈,从"生理需求"到"社交需求"却走过了自己的青春期,他们的祖父母辈更是用了近半生的时间。科技的发展让时间折叠,使得人们更关注结果或者以结果为导向,失去了体会过程的美好。也就是说,过去的孩子心理问题更多是外部环境导致,而如今时代的孩子的心理问题更多来自内在。现在孩子少了,在鼓励生育二孩与三孩政策出台前,很多孩子还是独生子女。他们集6位家人的关爱于一身,他们具有与生俱来的高孤独感和直接面临高竞争感的压力。曾经有一位小患者在与笔者咨询时提到"一颗糖就可以让曾经的你们开心半天,你们拥有着慢慢的时间,车马很慢、书信很远,一生只够爱一人,我羡慕你们过去的生活"。他们既不愁吃也不愁穿,他们从小思考力就很强。在临床中,越来越多的孩子在小学高年级阶段就开

第一章 导言：走进孩子的内心世界

始思考形而上的问题——人为什么要活着？也因为他们正在经历生理和心理的发展变化，还未经历过社会实践的打磨，这使得很多孩子对于这一问题的思考比较消极。甚至，近些年孩子的自伤自杀性事件频频发生。父母、老师、社会不禁疑惑和感叹：当下的孩子是怎么了？

当代孩子有着 21 世纪的时代特点，我们需要用崭新的视角来认识他们。他们的成长并不是简单地复制我们的成长道路，就像《零零后》这部纪录片里展示的那样，当代孩子是截然不同的"物种"。他们需要较高的家庭话语权，有着参与家庭生活决策的需求。他们比我们这一代更早地开始决定自己的喜好，在家庭生活中希望和父母平起平坐、"参政议政"。这一现象与他们经历了改革开放、思想开放的 70 后、80 后父母的民主教育是分不开的。这一代孩子还有着较为广阔的知识面，和上一代不同的是，这一代孩子学习的知识并不是简单的"什么是什么"的描述性知识，而是"为什么"的需要进一步思考的知识。你看，父母经常感叹自己越来越无法辅导孩子，有些父母甚至觉得小学课程都无法辅导了。孩子对老师的崇拜感也较之上一代人弱，老师成为知识的搬运工，不再是无所不知的万宝书。

正因为孩子处于互联网时代，他们的现实感也较上一代弱。他们比我们这一代更需要情感联结。咨询中，很多孩子会反映和父母的沟通互动只是围绕着学业，认为父母很少关心自己的情感需求。倒不是父母真的不愿意和孩子聊聊其他，只是这一代的父母也被自己的工作所困。他们比自己的父辈更努力生活，却拥有更少和家庭相处的时间。他们用有限的时间来关照孩子最重要的学业问题，而这又成为亲子关系冲突的矛头。所以很多孩子早早适应了在互联网上寻觅惺惺相惜的同盟，以至于现实生活中和同学、朋友关系的矛盾成为很多孩子前来咨询的困扰议题。他们更习惯于在互联网上寻求答案，而不是与家人交流、与同学一起进行实践探索，他们在虚拟的世界里感受着人生，他们认为互联网展示的就是整个世界。但也因为现实生活的困境，很多孩子沉浸于网络世界的"美好"。在这里，他们会因为玩电子游戏而备受尊崇，体会到现实生活中没有的尊重和认可；在这里，他们可以遇到同样的一群人，在网络的虚拟社群里高谈阔论，获

取伙伴的共情和理解。他们越来越依赖网络,他们和父母渐行渐远。

当今孩子对个性化生活的需求高,他们必须要展现自我个性。比起他们的父辈隐藏在集体背后,他们更享受在群体里突出的感觉。他们不满于千篇一律的规则,例如,穿着统一的校服时会在校服上搭配个性化的配饰。一旦在群体里展示失败,或评价为负,这会非常打击他们,他们甚至会感觉被整个世界嫌弃。他们比任何一代都更注重他人的评价和关注,同时也比任何一代都需要他人的认可和关注。这就需要学校、社会转变思维,提供给孩子展示个性的平台,允许孩子在一定程度上做个"叛逆"的人。

以上种种也使得当代的父母备受挑战,在养育上他们需要精进自己的情绪养育能力和亲子沟通能力。父母首先要能处理好自己的情绪,只有他们的夫妻关系是和谐的,他们才有能力为孩子创造一个涵容的家庭环境。而如今,所谓的"丧偶式养育""控制性养育"使得家庭氛围压抑,有些母亲处理自己的情绪都应接不暇,更何况去承接来自孩子的不稳定情绪呢?这就使得孩子不得不向外界寻找心灵的慰藉。其次,父母需要加强沟通技能,需要了解到与当今的孩子沟通不是简单的指令与命令,他们需要父母更多的尊重。如果父母依照上一辈的沟通模式与当代孩子互动,一定会备受阻碍。父母需要接纳孩子的躁动和不安,发展自身的同理心和共情能力,在交流互动中表现得更为耐心,体会孩子的感受,给予孩子一定的空间和平等的对话。最后,父母也需要更多来自社会、家庭的支持,在与学校老师的沟通交流中获取更有效的信息来更好地帮助到孩子,用更开放的心态迎接来自孩子的挑战,每一位父母都在与孩子一起成长的过程中学习如何成为更好的父母。面对孩子的成长,父母需要做的是关切又充满自信地站在一旁等候。孩子受挫了,提供鼓励和拥抱;孩子成功了,提供鲜花和掌声。孩子遭遇困境,知道可从父母处获取帮助;孩子面临机遇,知道有父母在旁激励。所以,父母要做的就是为孩子在遭遇失败后提供疗愈的空间,为孩子获得的成就而感到喜悦和自豪。同孩子一起经历人生的酸甜苦辣,用自己过来人的经验给予孩子莫大的支持。

从嗷嗷待哺的小婴儿成长为自信阳光的青少年,每一个孩子和他们的

第一章 导言:走进孩子的内心世界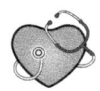

父母都会经历一系列的蜕变。成长的道路上有荆棘也有鲜花,有苦难也有愉悦。父母能做的就是始终站在孩子身边,陪着他们,爱着他们,让孩子按照自己的节奏成长。有了父母的爱和尊重作为保障,每个十几岁的孩子都会独自踏上自己的人生旅程,谱写属于自己的人生篇章。

(金琼)

第二章 学龄前常见心理问题

迟迟不开口的孩子

【案例】

门诊遇到一个3岁半还不开口讲话的男孩,父母对孩子不会讲话比较着急,旁边的奶奶却显得很淡定。据父母反映他们早就想来医院看看,但多次被家里长辈阻止,在老人的思想里,说话晚是"大器晚成""贵人语迟"。很多时候带孩子在小区里玩耍,邻居总是安慰说:"你家孩子这是聪明的表现,很多科学家讲话都很晚,你看爱因斯坦不是4岁才开口说话吗?你家孩子以后肯定会成大器。"仔细询问孩子的情况后才知道,孩子今年九月就要上幼儿园了,可以乖乖地自己吃饭、自己大小便、自己换衣服、自己睡觉,跟同龄的孩子一起玩耍也没问题,学习动手能力也不差,但是就是不会讲话。

因为父母白天需要工作,孩子大部分时间是由奶奶带着的。诊室里医生跟孩子互动时发现,孩子听力没问题,他想要一样东西时,会做出动作。例如,想要喝水时,他会做出抬头饮水的动作,或者牵着你的手去拿他想要的东西。但是有一点很快引起医生的注意,每次试图引导孩子开口时,奶奶都对孩子过于关注,对孩子的每一个举动都十分了解,孩子一伸手就知道孩子要什么,孩子指什么就知道孩子想说什么,孩子转个圈就知道孩子想干什么……这样,孩子就缺少说话的机会,就更不愿意开口了。

第二章 学龄前常见心理问题

【分析】

这个孩子可能是言语发育迟缓。孩子父母平时都忙于工作,和孩子沟通的时间特别少,家人沉默不语的时间越来越长。孩子没办法在这样的家庭环境下进行语言模仿和语言交流。奶奶在抚养过程中过于关注孩子的一切,每次又急于帮孩子满足所有的需求,让孩子感觉到原来不用开口,也能达到目的,从而使孩子丧失开口讲话的动力。父母面对孩子迟迟不开口讲话的情形,表现得过于焦虑,难免有时候会带有情绪地唠叨孩子,甚至觉得孩子有问题,这样就给孩子一个不好的暗示,让孩子觉得自己在说话这方面就是有问题的,于是就更不愿意开口说话了。

【知识点】

孩子说话晚需要警惕是否存在以下几种情况。

1. 听力和发音器官是否正常

如果孩子对声音刺激没有任何反应,没有任何牙牙学语的表现,首先需要检查听力是否正常,听力障碍是小儿语言发育迟缓的首要因素。左右耳听力损失不同时,小儿常使用听力损失较轻的侧耳感知声音,也有的小儿左右耳听力损失可相互补偿,致使部分小儿的听力损失直至2~4岁仍不明显,得不到及时发现与治疗,从而伴随年龄增长出现语言发展迟缓现象,对此,做好小儿听力保健,掌握小儿语言异常的警告信号,及早明确诱发因素显得尤为重要。其次,如果对声音有反应,但表达含混不清,则需要检查发音器官是否正常,排除聋哑等疾病。

小儿语言发育异常的警示信号主要表现为以下几个方面:
2个月时对熟悉的声音和面孔无微笑;
4个月时不能试图模仿发声;
8个月时无咿呀学语;
12个月时不能说出一个字的词,不能指认物品或图片;
18个月时不能使用15个单词,用手势表达需求,不愿模仿发声;

2岁时不能讲2个字的语句，不能模仿单词或动作，不能听从简单的指令；

3岁时不能将单词组成短语或句子，不能理解或回答简单问题；

4岁时外人不能理解其语言，或替代或遗漏一些音。

与此同时，父母要密切观察孩子在生活中对声音的反应，如能否寻找声源、睡眠是否过于安静、是否不怕吵闹等。如有此类表现，应引起高度重视，及时就医。

2. 语言理解能力是否正常

有些孩子虽然开口晚，但什么都能听懂，问题主要是表达性语言障碍。父母就需要加强孩子的语言训练，多和孩子讲话，不要因理解孩子的非言语行为而立即满足。如果孩子不仅开口晚，还有语言理解力障碍，如不能像同龄孩子一样理解指令，这种孩子为理解性的语言障碍，病情相对比表达性语言障碍严重，建议父母求助专业的训练。

3. 判断智力是否正常

如果孩子语言表达和理解力比较差，需要通过日常的非言语行为判断孩子的智力是否正常，如能不能表示大小便、会不会模仿别人搭积木等，智力障碍可见于智力低下及孤独谱系障碍等疾病。

4. 判断社交活动是否正常

患有孤独谱系障碍的孩子常常有语言发育落后的情况，还有一种情况是虽然有语言能力，但孩子的语言应用有问题。例如，语言内容主要是鹦鹉学舌般地模仿和重复别人的话，或自言自语，不会主动发起和别人的交谈。孤独谱系障碍除语言的障碍以外，通常还有社交互动的障碍和行为方面的异常。例如，眼睛不看人，不能体会他人的情绪，会意他人意图的能力下降，表现出刻板重复的行为和古怪的兴趣。

【家长建议】

1. 故意营造语言环境

家长平时多抽时间和孩子互动,在与孩子玩乐中锻炼孩子的语言能力。例如,孩子刚开始关注自己名字的时候,家长可以多叫孩子的名字;家人聚集在一起的时候,也可以依次给孩子介绍家庭成员,帮助孩子理解这些词汇。平时生活中使用的物品、身体的器官,也可以带孩子一一体会、理解,不断地重复给孩子听。例如,给孩子洗澡的时候,用孩子的手去摸自己的五官,并告诉孩子每个器官的名称,每天跟孩子玩这种类型的游戏,这种磨耳朵的效应在孩子语言发育敏感期有特别的效果。也可以平时陪孩子唱儿歌、念绘本,增强说话的动机。家长可以把孩子正在经历的每一个过程生动形象地告诉孩子,从听觉、视觉、情绪、场景多个方面对孩子进行刺激和记忆。例如,说"今天外婆给我们做了牛肉面,面很烫,我们用小嘴巴吹凉了再吃,这个面条真好吃,宝贝张大嘴,我们都爱吃面条,吃牛肉时要细嚼慢咽,这样才能促进我们的胃部消化"。通过这些方法,家长可以随时随地触发孩子的语言学习机制。

2. 在孩子面前要"笨"一点

家长需要给孩子创造一个良好的语言交流环境。很多孩子不爱开口的重要原因就是家长太聪明了。例如,有些家长十分宠爱孩子,孩子一句哼哼,一个眼神,家长就能立刻知道孩子是饿了还是渴了。有时候孩子都不需要张嘴提需求,家长就能立刻满足孩子,那孩子自然而然就会觉得自己没有必要张嘴讲话。长期这样"太懂"孩子只会增加孩子的语言懒惰性,使孩子更加不愿意开口说话。家长平时和孩子交流的时候,要多鼓励孩子开口提要求。如果孩子在讲述一件事情或者描述一件物体时没办法完整表达出来,家长可以帮助孩子表达出来,并给孩子解释一遍这个词语的意思,帮助孩子加深对这个词语的印象,鼓励他举一反三地使用这个词语。

3. 当孩子在表达的时候,不要马上指出错误

孩子想要表达是好事,但是因为孩子的词汇量有限,很可能表达得不是很准确。这个时候家长不要急着打断孩子的表述,而是要耐心地等孩子说完,然后再给孩子指出刚才说错的地方,告诉孩子为什么错了,之后在平时的生活中多和孩子使用这些词汇,帮助孩子加深印象。

4. 制定简单的教学目标

家长是孩子的第一个老师,在训练言语时,可以先制定一个简单的教学目标,通过孩子的喜好来寻找发音的突破口。例如,孩子很喜欢发"m"音,那就可以引导孩子把这个音变成"妈妈"。家长还可以利用孩子的动机来操作,观察孩子平时对什么活动有兴趣,利用这些活动来教孩子单词。例如,如果孩子喜欢父母抱他,那么也可以从"b"音,引导过渡到"bao"。但是早期家长需要注意的是教学的语言要简短和清晰,给孩子一个明确的指令,并且设定合理的教学目标,不要急着加长句子,要循序渐进。

5. 引导的过程中需要有更多的耐心

当孩子能够说出一两个单字时,家长就可以用鼓励性的语言来强化孩子表达。在他们试图开口表达时,鼓励孩子慢慢说出来,这样孩子下次就会选择用语言来表达需求。有些孩子就是理解能力稍微弱一点,性格慢条斯理一点,家长不需要按照统一的标准去要求孩子。不管孩子开口说话早与晚,家长要做到耐心和更加耐心。如果家长过于急躁,就会刺激孩子敏感的神经,会让孩子的情绪和心情都受到影响,更严重的时候还会伤害孩子的自尊心,让孩子对说话这件事产生抵触情绪。每个家长都是望子成龙、望女成凤,但每个孩子都有自己的成长轨迹,揠苗助长不利于孩子的长远发展。多关注孩子的内心世界,给孩子足够的关心和爱,才能够让孩子健康成长。

(朱珍珍)

第二章 学龄前常见心理问题

孤独的青青

【案例】

近 4 岁的青青可爱又漂亮，手里拿着一本色彩鲜艳的绘本在妈妈的陪伴下进入诊室，青青进入诊室后未曾抬头看医生一眼，诊室里的一切都无法吸引她的关注，她似乎沉浸在自己的世界里。医生拿出玩具试图吸引她的注意力，青青看了一眼，随即转头，把注意力转移到自己的漂亮绘本上，"啪啪啪"地不停拍打绘本里的某个图案，妈妈拉着青青坐下，青青还是低头自顾自地重复拍打动作。医生问起青青妈妈前来就诊的原因，妈妈很焦虑地诉说："医生，我们家青青要 4 岁了，到这两个月才会口齿不清地说些话，上了一星期的托班，老师就和我说青青不和其他小朋友玩，她建议我带孩子来看看是不是有自闭症。"青青的爸爸在一旁补充说："她现在好歹会背一些动画片的词，会跟着讲简单的故事了。"在随后的交谈中，医生了解到，青青有一个 10 岁的哥哥，妈妈在 34 岁时怀了青青。青青出生后长相讨喜，但是个睡觉困难户，喂养非常困难，喜欢挑食，蔬菜完全不吃，新的食物不愿尝试，对食物非常挑剔。例如，不吃肉的时候，米饭里家人偷偷拌入的肉就一定要吐出来。青青一直不会说话，只会发出"咿咿呀呀"的声音。有需要的时候会拉着父母的手帮助自己达成目的。虽然青青不会说话，但哥哥很能理解青青的需求，因此只有哥哥能和青青一起玩推球。青青和其他人很难形成互动，和父母也不亲近，多数时间都是一个人重复性玩耍，反复敲击绘本，重复看某几部动画片的某几集，同龄人喜爱的过家家游戏青青完全不懂，也不感兴趣。近期能讲话后会机械地模仿他人说话，家人试着用问句询问青青需求时得到的是答非所问的回答，青青喜欢用动画片的台词来回答问题。平日显得无所事事，会自己一个人念叨动画片里的台词。听过的故事能背下来，初始父母很惊喜，认为孩子不光会讲话了，还突飞猛进能讲故事了。但是，当妈妈在青青背故事时好奇地提问"那后面发生了什么呢"，青青就无法回答，故事也背不下去了。家人意识到青青其实并不理解故事内容，也不能理解家人的提问，只是在机械地背诵故事。家人察觉到青青的表现似乎和同龄人有所不同，但因为哥哥开口讲话是在2岁以后，而且现在整体表现也都很好，所以家人就以为青青再长大点也会变好。直到进入托班，青青不仅仅不和小朋友一起玩耍，而且老师、同伴叫青青的名字时也不回应，老师给青青说的话，青青理解不了，更不能去执行，有教学经验的老师发现了青青的问题，建议父母带孩子就诊。于是父母怀着忐忑的心情带着青青来到了医院。

【分析】

案例中的青青妈妈基本已属于高龄产妇，进一步了解青青妈妈孕产史时虽未发现明显异常，但青青出生后就表现出了一些难养气质，如入睡、喂养困难，后续家人自行发现的发育落后有不会说话、不会和人互动、缺乏亲近感。来就诊后在医生的询问下家人逐渐感受到了青青从小在发育上与同龄人的差异。青青在语言方面的落后显而易见，近4岁了才能开口说话，开口所说的话也缺乏功能，多数是刻板的重复性言语，如机械背诵动画片台词、故事，不理解话语含义，不能执行语言指令，无法交流，答非所问。青青缺乏社交，和家人不亲近，沉浸在自己的世界里，基本和外界没有互动，对托班小朋友没有兴趣，外界呼叫她的名字也不回应，只在有生理需求时才去找照顾者，平日就是独自进行一些重复性的无意义活动，如敲打绘本、重复看某几集动画片（可能是青青喜欢听敲打的声音，喜欢某几集动画片的声光），游戏水平与年龄不匹配。家人曾觉得青青和哥哥有互动，能玩在一起，其实这样的"互动"并非青青主动发起的，能维持也是因为哥哥曾有过言语表达困难的时期，相对地更容易理解青青，是哥哥在发起并维持"互动"，而且"互动"内容低龄化——推球。青青同时存在明显的兴趣狭窄、行为刻板，如喜欢敲击绘本，重复看动画片，喜欢挑食，不吃蔬菜，新食物不尝试，不吃的食物一定要吐出来，只咽下愿意吃的食物。因此，回顾了青青的发育成长过程后我们发现她的语言沟通存在障碍，社交互动缺乏，兴趣固定狭窄，行为刻板，考虑诊断为孤独谱系障碍（ASD）。

【知识点】

孤独症、自闭症、童年孤独症、阿斯伯格综合征、孤独谱系障碍，这么多诊断名称，它们之间到底有什么样的联系呢？简单理解：孤独症、自闭症、孤独谱系障碍是同一疾病的不同名称。我国现行使用的诊断系统内，阿斯伯格综合征、童年孤独症有所不同，但均属于广泛性发育障碍。2013年美国新的诊断系统取消了阿斯伯格综合征，提出了孤独谱系障碍这个大诊断，广泛性发育障碍下的童年孤独症、不典型孤独症等疾病均融合为孤独谱系障碍。因此，上述案例中的青青被诊断为孤独谱系障碍，也可说是童年孤独症。

父母有时会问："医生，得这个病的孩子多吗？"从数据上来看，ASD的患病率在逐步上升，2020年最新患病率为1/54，全球患病总人数确实在不断增加。

ASD因何而产生呢？人们希望通过找到明确的病因而寻求更好的治疗、预防方法，遗憾的是和其他绝大多数疾病类似，目前还没有找到特别明确的病因，万幸的是研究者从不同的角度寻求到了越来越多的病因线索，指向ASD是遗传和环境因素共同作用下发生的疾病。也有部分研究者提出心理模式方面的假设，如心智理论缺陷（理解别人心智状态存在困难）、薄弱的中心聚合能力模式（依情境对信息加以有效处理，ASD患者把焦点放在直接线索上，未能掌握整体和情景线索）、同理系统理论（了解他人的情绪并能从他人角度看事情，表达适当的和认知一致的情绪）等。

ASD患儿存在以下几个方面的异常表现：①社交互动障碍，对人缺乏兴趣，和人缺乏眼神对视，和父母不亲近，缺乏社会互动，不会交朋友，难以建立并维持友谊，缺乏情感，缺乏同理心，理解他人的情绪和表达自我的情绪存在困难。不会正确地玩象征性游戏，如过家家之类的社会游戏。②非语言表达方面可能缺乏表情或者不协调，语言发育落后，不会用适当的语言来进行沟通，不会主动与人交谈，不能维持话题，或者反复坚持同一话题而不顾他人的反应。有刻板的重复性语言或模仿语言，语音、

语调、语速及节奏方面表现异常。③兴趣狭窄，行为刻板，对一般孩子喜爱的玩具不感兴趣，沉迷于某些特殊的爱好，如记录天气、公交路线等。反复问同一个问题，不会玩想象性游戏，也有一些孩子表现出不同寻常的依恋行为，如依恋门锁、球形玩具等，关注物品细节或某单一特征。会希望环境维持不变，日常生活习惯不愿被改变，也有可能存在一些追求身体刺激的刻板行为，如反复扭手、弹弄手指等，会因为兴趣的不同寻常而表现出注意力不能集中、好动。④感觉和动作障碍，对疼痛和外界刺激反应迟钝，叫名字似乎听不见，会踮脚尖走路、拍打身体、摇晃、旋转、嗅闻特殊气味引发自身感觉。对有些刺激却特别敏感，容易被吹风机、吸尘器的声音所惊吓。肢体不协调，大运动、精细动作发育落后。⑤智能障碍，约50%的ASD患儿智能不足。⑥其他特征，如无理由哭泣、难以安慰、自伤、不惧怕一般孩子畏惧的事物、怪异姿势等。

ASD目前没有可根治的方法，治疗主要以康复训练为主，存在并发症的情况下，可以药物治疗为辅。常见的康复训练为应用行为分析（ABA）、早期丹佛模式、地板时光、社交故事等。ABA训练下相对成熟的技术有回合实验教学法（DTT）、结构化教学法、图片交换沟通系统、关键反应教学法、随机教学法等。当ASD患儿有明显的自伤、睡眠障碍、攻击、情绪不稳等问题，或并发精神分裂症、注意缺陷多动障碍、抑郁症、焦虑症、双相情感障碍等疾病时，则需要介入药物治疗。

ASD的表现随着发育过程而变化，学龄前症状会较典型，学龄期很多ASD患儿对父母可产生依恋，对不同的情况能够做出一定的社会反应。语言沟通技能得到一定的发展，有些可近乎正常，但语用障碍仍存在。自伤行为在沟通能力提高后会有所下降。刻板行为未得到满足引发的行为问题可能会持续至成年期。青春期部分ASD患儿的症状有所改善，但社交困难、兴趣狭窄仍会较为明显，有小部分可能会出现行为衰退。预后较好的可在成年期上班工作。

【家长建议】

①ASD不是家长冷漠（"冰箱妈妈"理论）造成的，也不是打疫苗导

第二章 学龄前常见心理问题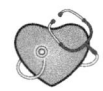

致的（疫苗理论）。家长养育行为在一定程度上会影响病情表现，在遗传的前提下如果早识别、早干预，就可能带来更好的预后。

②孤独谱系障碍越早发现、尽早干预，效果更佳。因此，家长在发现孩子有以下表现时要引起注意：不（少）看，目光接触异常，对人尤其眼部注视少；不（少）应，叫名反应不敏感；共同注意（借助手指指向、眼神等与他人共同关注两者之外的某一物或事的能力）水平下降；不（少）指，肢体语言少，无法对感兴趣的东西提出请求；不（少）语，语言发育落后，不说话，听不懂别人的话，讲别人听不懂的话；不当，玩法奇怪，偏好奇怪，对物品使用不当；感知觉异常。

③6 岁前干预效果相对较好，但不表示 6 岁之后被诊断为 ASD 后干预就没有效果。不论在什么时候被诊断为 ASD，只要有症状就可以有针对性地去科学干预。干预需要有计划，能持续，不仅仅需要孩子在专业机构里进行训练，家人也要全力配合，利用一切可教时间对孩子进行高频度训练。

④和 ASD 患儿相处时要注意以下 8 项原则：不要随意提要求，提出的要求应该是孩子能做到的或者是在家长提供帮助下能做到的，不要一直重复；循序渐进，目标明确、可分解，有步骤有计划地前进，给予孩子逐步改变的空间，发现孩子的点滴进步；多发现孩子好的方面，给予及时的关注和奖励；从孩子的兴趣和喜好入手，想办法和孩子玩到一起，培养共同关注；有规则意识，孩子出现不恰当行为时，不要太紧张着急，要试着转移孩子的注意力，引导孩子用正确的方式进行行为表达；多和孩子互动，安排好一天的活动，减少空闲时间，尽量多带孩子出去；尽量多地进行视觉提示；及时帮助孩子，减少孩子挫败感，给予的帮助要与孩子的能力相匹配。

⑤ASD 患儿需要家庭、社会的理解、接纳和包容。ASD 患儿的家长、家庭更需要家人和社会的理解、帮助和支持。

（胡长舟）

过目不忘的小天才

【案例】

嘟嘟现在4岁5个月了,是一个爱唱爱跳、活泼可爱的小女孩,暑假过完就要进入幼儿园中班了。嘟嘟有个神奇的技能,那就是记忆力惊人,对文字、地点过目不忘,简直就是个记忆小天才!嘟嘟从3岁初开始主动认字,不到一年的时间里,已经能认识300多个汉字和词语了,还能读出不少英文句子。嘟嘟学习汉字和英文的速度非常快,对于一句话中新的字词,旁人给她读一遍或两遍之后,下次嘟嘟就可以自己读出来了。不仅如此,对于新的绘本,读两三遍之后,嘟嘟就可以自己背下来了。背诵古诗对嘟嘟来说更是轻而易举的事情。嘟嘟还是一个活地图,对自己喜欢的建筑物或物品的位置记得非常牢固,即使只见过一次,隔很长一段时间还是能精准定位,对于仅看过一次完整画面的100多宫格拼图,随机打乱后,嘟嘟也能很快地拼出来。

很难想象,小天才嘟嘟被诊断为孤独症已经两年多了,持续进行康复训练也有一年半了。一年半之前,2岁9个月的嘟嘟第一次进行了C-PEP-3评估,结果显示嘟嘟的发展水平仅相当于2岁2个月的普通儿童。康复训练3个月后,嘟嘟的发展水平已经相当于2岁10个月的普通儿童了。如今,嘟嘟的总体发展水平已经跟上普通儿童,甚至有些方面的能力超出一般儿童的水平。

一年半之前的嘟嘟不会说话,只会发出"啊呀"的声音,提要求能力缺乏,也不会用手势提要求。例如,用手指向或用眼神交流等非语言沟通的行为严重缺乏。嘟嘟对于喜欢的东西,必须立即占有,稍不满足,就哇哇大哭。从不抬头看人,与父母不亲近,对他人的话语没有任何反应。当时的嘟嘟喜欢听音乐,一听到身体就左摇右摆地晃动起来;喜欢动物模型,有自己独特的玩法,一个接一个地将动物模型放进框子里,然后全部倒出来,再一个接一个地将动物模型放进框子里,反反复复不停歇。

第二章 学龄前常见心理问题

据父母描述，一岁半时嘟嘟会喊爸爸妈妈、爷爷奶奶了，也能说出一些简单的词汇，但是由于工作原因，他们将刚会开口说话的嘟嘟寄养在老家爷爷奶奶那里。两位老人对嘟嘟很是宠爱，嘟嘟衣来伸手饭来张口，不等嘟嘟说想要什么，爷爷奶奶就已经将东西放在了嘟嘟手上。嘟嘟喜欢看手机上的动画片，当有手机时其他玩具都黯然失色。嘟嘟经常看着动画片咯咯笑，慢慢地由每天看1个小时变成了每天能看6～7个小时也不愿意停下来，每次一收手机嘟嘟就哭闹个不停。慢慢地，嘟嘟几乎不说话了，对父母看都不会看一眼，更别说喊他们了。父母看着情况不妙，担心照这样下去嘟嘟可能连幼儿园都上不了，遂将嘟嘟接回来去某三甲精神专科医院进行咨询，医生诊断其为孤独症，建议进行康复训练。妈妈不愿接受这个事实，辞掉了工作，全心全意陪伴嘟嘟。用心照养了半年后，嘟嘟还是不会说话，从来不跟父母交流，也不看人，想要什么东西的时候就着急得哭闹，父母遂带嘟嘟来到孤独症儿童康复部进行康复训练。

【分析】

1. 家庭环境因素分析

嘟嘟一岁半时会说一些简单的词汇，后来不会说了，属于退行性的表现，是孤独谱系障碍儿童常见的症状。刚被诊断为孤独症时，嘟嘟的父母都不愿意接受这个事实，以为嘟嘟的退化和一些奇怪的行为表现是爷爷奶奶过度宠爱的养育方式造成的。妈妈尝试过辞掉工作全心全意地养育嘟嘟，也买了很多教养儿童的书籍，学习了很多心理学方面的知识，希望嘟嘟能好转起来，可是并不如愿。嘟嘟父母的心路历程，其实也是很多刚被诊断为孤独症的儿童的父母的共同经历。好在嘟嘟的父母带着嘟嘟及早就医，及早进行了干预。

孤独症是遗传因素和环境因素相互作用、相互影响的结果。家庭教养环境是影响孤独症患儿发展的因素，但并不是决定因素。嘟嘟爷爷奶奶的养育方式只是促进了嘟嘟孤独症症状的表现，所以不必因此过度自责。

2. 评估结果与优弱势分析

根据初次 C‑PEP‑3 的评估结果，结合行为观察和家庭访谈，可以发现，原本 2 岁 9 个月的嘟嘟，心理发育水平迟缓了 7 个月，仅相当于 2 岁 2 个月的普通儿童。各模块的发展呈不均衡的态势。例如，口语认知相当于一岁以内的儿童，认知表现相当于一岁半左右的儿童，模仿能力相当于两岁多的儿童，精细动作、粗大动作和手眼协调接近正常的发展水平，而知觉表现超出同龄普通儿童的一般水平。尤其是视知觉方面，嘟嘟对视觉刺激加以注意和辨别的能力格外具有优势，在视觉感知、视觉信息整合方面优于同龄常人。

嘟嘟在视觉感知、视觉信息整合方面能力突出，而感知和信息加工是记忆的基础，这是后来嘟嘟能够对文字、地点和图像等视觉类的信息记忆超强的重要原因。孤独症患儿的刻板行为和兴趣是不断转移变化的，开启康复训练后，嘟嘟的兴趣从反复拾、倒玩具，反复听音乐摇摆逐渐过渡到反复看绘本，反复记中文和英文材料，反复背诵歌谣和故事，这些其实是刻板记忆的表现，嘟嘟并不理解文字的内容。对于嘟嘟来说，文字只是相当于一个个的图像而已。视知觉能力超强加上刻板记忆，成就了如今的记忆小天才！

【知识点】

1. 关于评估与个别化康复教育计划

在进行康复训练之前，先要进行系统的评估。此处的评估，不同于门诊医生的诊断性评估。根据不同的评估工具与方式，治疗师一般需要半天至三天的时间，通过系统的观察与测试，结合家庭访谈，全面了解孩子的发育水平、问题行为、学习模式、阻碍孩子发展的障碍、家庭养育环境和孩子的偏好等，从而更好地制订符合孩子个性化特点的教学计划。

比较常用的用于制订康复计划的评估工具有 C‑PEP‑3、VB‑MAPP、ABLLS‑R 等，每个评估工具各有优势。例如，C‑PEP‑3（孤独谱系及相关发育障碍儿童评估用心理教育量表）有利于我们了解孤独症患儿各个方面发展水平与普通儿童之间的差距与优弱势。对于案例中的嘟嘟，我们通过 C‐PEP‐3 评估可以看到实际生理年龄 2 岁 9 个月的嘟嘟的总体发展年龄仅相当于 2 岁 2 个月的普通儿童，也可以看出嘟嘟在模仿、知觉、手眼协调、认知表现等各个模块的发展年龄，从而可以细化适合嘟嘟往上提升一个台阶的康复计划。

VB‐MAPP（语言行为里程碑评估及安置程序）和 ABLLS‐R 可以帮助我们详细了解孩子语言行为方面的问题和基础语言学习技能；PEAK 和与之相对应的康复目标有助于促进高阶知识的涌现。治疗师会根据孩子的需要选择使用相应的评估工具。

有些治疗师和父母往往忽略了强化物的重要性，一提到强化物，父母往往想到的就是零食，这也是有些父母对 ABA 产生误解的原因之一。强化物是孤独症患儿康复方案的重要组成部分，且也是必不可少的部分，贯穿整个康复训练的始终。每个孩子的强化物各有不同，种类多样，可以通过强化物建立孩子沟通的动机，使用强化物发展孩子提要求、命名、听指令等多个方面的能力。

案例中的嘟嘟，早期刚开始入训时非常喜欢关于动物的各种材料，如动物模型、动物拼图等，特别是大象的模型，我们可以使用动物相关的材料建立嘟嘟表达的动机。嘟嘟起初没有语言时，我们可以通过材料辅助使其学会非语言沟通的方式。例如，让她用手指向大象模型给我们看，表达她想要大象模型。然后，通过模拟大象的声音训练嘟嘟语音仿说的能力，之后逐步过渡到，嘟嘟玩大象拼图时，能够用"我要大象的脚"这样的语句提出要求，能够回答"谁有长长的鼻子"这样的问话。再然后通过关于大象的绘本阅读教学，嘟嘟能够熟练地回答故事中关于谁、做什么、在哪里等问题，甚至能够进行一个关于大象故事的主题式对话。

从个体间横向比较来看，孤独症患儿的症状具有很大的异质性，不同的患儿差异很大，从个体内纵向比较来看，孤独症患儿各个方面的能力发展不均衡，缺乏连续性。因此，针对不同的患儿，其家庭教育方式和个别化的训练计划也是千差万别的。

2. 关于问题行为

很多孩子会在他们的早期发展中表现出一些负面的行为（如大哭、躺地上发脾气、攻击性行为、摔东西）。一般来说，随着孩子的成长，他们会发展出更具有社会功能的行为，如语言表达和社交沟通，那些负面行为发生的频率就会逐渐减少。然而对于一些患有孤独症或其他发展性障碍的孩子来说，这些负面行为不仅不会减弱，而且随着年龄的增长可能会变得更糟。

这些行为的原因可能各不相同（如寻求关注、要求物品、逃避任务或逃避厌恶刺激），这需要行为分析师对孩子进行行为功能分析，以确定行为问题的特定原因，这是干预方案中的重要组成部分。

大多数负面行为起因于各种类型的强化，即大人们以无意识的或偶然的方式提供的强化（如父母对负面行为的关注）。例如，在老家时，嘟嘟想要用手机看动画片，她以哭闹和发脾气的方式得到了看动画片的机会，爷爷奶奶虽然不情愿嘟嘟看手机，甚至也训斥了几句，但最终还是把手机给嘟嘟了，嘟嘟的这种行为在将来发生的频次会更多，甚至泛化到想要别的东西时，也通过这种行为来获得满足。

3. 关于应用行为分析

ABA是一门改善具有重要社会意义的行为的科学，属于心理学的分支。通过研究环境与行为的关系，可以制定相关行为改变策略。ABA首先评估的是目标行为与环境的功能关系，在此基础上为有相同功能的问题行为培养替代行为。

以ABA为基础的一些孤独症干预方法，如自然情境教学法、关键性技能训练、早期丹佛模式，结构化教学、回合式教学等，都有着良好的效果。父母可以辩证地选择适合自己和孩子的干预方法进行家庭训练。

大部分早期发现的程度较轻的孤独症患儿预后情况较好，但是康复训练只能改善孩子的状况，并不能完全根治孤独症，尤其是社交缺陷可能伴随终身。父母需要拥有与孩子的核心症状共同生存的智慧。

【家长建议】

1. 家庭养育环境的重要性

家长和家庭参与是孤独症早期干预的最佳实践方式，养育者需要创造社交环境，使孩子在日常生活中能和他人互动，因此家长和其他养育者需要学会如何参与孩子每天正在进行的互动。研究结果表明，稳定和睦的家庭环境和适合孩子的养育方式，对孤独症患儿的沟通、游戏和社交能力能够产生重大的影响，影响着孩子语言发展的速度和质量，影响着孩子的情绪发展和对他们而言最为重要关系的质量——友谊、将来浪漫的爱情，甚至影响着他们和自己未来孩子的亲子关系。

调查显示，孤独症患儿的家长和孩子互动的情况与其他正常孩子的家长非常相似。但是，作为一个特殊群体，相比其他孩子，孤独症患儿与家长的互动方式并不一样。年幼的孤独症患儿通常不会和家长有很多的互动。他们通常不会直接和家长沟通，或与家长分享他们的情绪，也无法用面部语言或肢体动作来清晰表达情绪。他们的语言和肢体动作表达能力通常发育延迟，而且即使他们掌握这些沟通方式，他们也很少使用这些沟通方式和家长分享体验。这样，如果家长仍旧按他们的方式和孩子互动，而孩子尚未启动和维持与家长的互动，那么家长和孩子间的互动数量和沟通内容会急剧下降，这就限制了孩子的学习机会，也影响了家长对孩子所发出信号的敏感性，以致家长不能及时反应，阻碍了孩子向家长积极反馈的成功互动。所以，家有孤独症患儿的家长，需要学习如何更好地养育自己的孩子。他们需要改善自己的养育方式，学会理解孩子发出的暗示，并将暗示转变成更容易识别的传统沟通，增强对孩子细微反应的敏感性，捕捉孩子的需求，从而强化孩子的沟通能力和主动性。

另外，家庭中的养育者在对孩子的养育方式方面要达成一致的意见。经常见到一些家庭，这边妈妈在给孩子制定着规则，那边爷爷奶奶或爸爸却悄悄满足着孩子，这不仅会强化孩子的问题行为，还会使孩子和妈妈之间的关系变得恶劣。

2. 关于电子屏幕的使用

世界卫生组织指出,对于0~2岁的孩子,不建议接触、使用电子屏幕,对于2岁以上的孩子,坐在屏幕前的时间不能超过1个小时,并且越少越好。电子屏幕通常是声音、图像、动画的结合,这对孩子的吸引力很强,很难控制使用的时间,电子屏幕使用时间过长不仅会造成过度用眼,也占据了本应与家人交流互动的时间。

2岁左右是孩子的语言发展关键期,是词汇量快速提升、表象与语言初步发生与发展、对事物的认识开始逐渐深入的时期。孩子需要在现实生活中积累感知经验,促进大脑神经的发育。普通儿童过度使用电子屏幕也会导致语言和社交沟通的落后,激发更多的问题行为,更何况孤独症患儿本身存在多个方面发育迟缓的问题,过度使用电子屏幕对孤独症患儿来说,无疑是雪上加霜。

3. 发现孩子的闪光点,接纳孩子的不完美

每个孩子都有自身的优势,需要家长去发现和发扬。有些孤独症患儿在情绪情感方面比较敏感脆弱,家长的接纳与肯定,对他们来说是莫大的支持。根据罗森塔尔效应,以积极的眼光看待孩子的成长,孩子也更可能往更好的方向发展。孤独症患儿和其他孩子一样,需要我们用心呵护。

4. 家长要照顾好自己

养育一个孤独症患儿是一件具有挑战性的事情,家长需要获得更多的支持。例如,可以与有相似经历的家长互相分享情绪与经验,可以适时找专业的心理治疗师进行疏导,也可以通过一些健康休闲的方式给自己解压等。照顾好自己是非常重要的,家长把自己照顾好了也更有利于养育孩子,也更有精力和耐心应对孩子的一些情绪问题。

家长也要学会接纳自己的不完美,做一位刚刚好或者差不多的父母即可。

(付福音)

第二章 学龄前常见心理问题

坐不住的小男孩

【案例】

这是阳阳第二次被幼儿园劝退了。阳阳的妈妈气愤又无奈。在幼儿园园长的建议下，妈妈带阳阳来到儿童心理门诊进行咨询。眼神紧张、噘着嘴巴的阳阳已经4岁3个月了，是本该进入幼儿园中班的年纪。然而据阳阳妈妈的描述，阳阳没有上过幼儿园小班，直接进入幼儿园中班，目前刚入园没多久。和一年前一样，妈妈又三番五次被老师喊到学校，原因经常是：在课堂上推别的小朋友，咬自己的同伴，惹得同伴大哭；老师带大家一起做手工时，突然用胳膊把桌子上的手工用品推撒在地上，老师越是要求阳阳捡起物品，阳阳脾气越大，甚至咬起老师来；从来都坐不住小板凳，总是在教室里追着小朋友跑来跑去，不停歇，还故意用力撞在墙上、桌子上或者小朋友身上，发出"哐"的声音；即使偶尔坐下来，身体也总是动来动去，小手东摸西扯的，会突然猛推一下小朋友，或者扒一扒教室里的东西，从来不听劝阻；看到有趣的东西时，会兴奋地大叫大笑，惹得教室瞬间又炸开了锅；对于老师带领的游戏活动，从来不配合。

当问及在家里的表现时，妈妈略显疲惫。家里经常被阳阳搞得一团糟，阳阳总是精力充沛，午间不睡觉，晚上11点多了还活力四射，爬上爬下。妈妈全职带阳阳，却也不堪重负。在饮食上，阳阳挑食很严重，从来不肯吃蔬菜和水果，即使无意间吃到嘴里也必须吐出来。阳阳两岁多开始会说话，发音很不清晰，断断续续的，会混淆含有 l/n/g/k/zhi/chi/shi/r/z/c/s 这一类音节的词汇。

阳阳有洁癖，害怕身上沾上灰尘。若是看到衣服弄脏了，必须赶紧换上干净的衣服；若是手弄脏了，就伸着手要求立即洗干净，否则就开始哭闹。阳阳对声音非常敏感，家人从不敢在阳阳面前使用吸尘器、吹风机这些噪声很大的电器，否则阳阳会非常害怕，捂住耳朵躲起来。通常有些我们习以为常、不大注意到的细小的声音也总能引起阳阳过激的反应。另外，阳阳妈妈还说道，阳阳做事拖拉，总是笨手笨脚的，不会用筷子吃饭，不会使用剪刀，连穿珠子这样的动作，做起来也显得费力。阳阳在家里时，经常脾气很暴躁，可是一到陌生的环境，就局促不安。第一次到门诊的阳阳倚在墙角，低着眼睛看地面，一句话也不说。

【分析】

案例中的阳阳存在感觉统合失调的问题。从阳阳经常故意用力撞在墙上、桌子上或者小朋友身上，做事笨手笨脚，经常把家里搞得一团糟，可以看出阳阳不能有效组织相对复杂的环境信息。一些同龄孩子可以完成的系列性或组合性的动作，对阳阳来说略显困难，这是前庭功能异常的表现。

阳阳可能存在触觉功能异常。阳阳害怕身体接触，对于有语言表达障碍的阳阳来说，当他人对阳阳有身体接触时，阳阳可能用推或咬来表达抗拒。另外，害怕新的环境、洁癖、偏食挑食、无故碰坏东西等都属于触觉功能异常的表现。触觉功能异常是感统失调在肤觉方面的集中体现，其实肤觉的其他方面如温度觉、痛觉等也会存在问题。肤觉在辨别躯体接触类刺激和自我保护方面起着非常重要的作用。

阳阳两岁多开始会说话，发音很不清晰，说话断断续续，说明阳阳语言能力发展缓慢。从做事拖拖拉拉，笨手笨脚，4岁多还不会使用剪刀和筷子，玩穿珠子缺乏协调性，可以看出阳阳本体感觉异常。

阳阳对声音非常敏感，对于一些大的噪声，阳阳会非常害怕，捂住耳朵躲起来，他还会注意到一些我们不大注意到的细小的声音，这说明阳阳听觉过于敏感，可能存在听觉失调。

【知识点】

感觉统合，是指脑对个体从视、听、触、本体及前庭等不同感觉通路输入的感觉信息进行选择、解释、联系和整合的神经心理过程，是个体进行日常生活、学习和工作的基础。

在最初的六七年时间里，孩子的大脑以处理感觉和运动信息为主。他们直接通过感觉来认识自己的身体及自身以外的客体世界，特别是周边环境。例如，通过温觉、痛觉获得关于冷暖、危险的信息；通过听觉学习分辨不同声音所代表的意义及如何讲话；通过视觉学习辨别物体大小、形状、颜色和明暗等；通过本体感觉和前庭觉学会运动方式和控制姿势，从而实现由反射性肢体活动到有意识精细运动的发展，并逐步掌握自由行动、穿衣、吃饭、游戏、写字、读书等技能，以及与他人沟通交流的各种社会化技能。人们感受世界、完成各种活动往往不是凭借某个感觉系统或运动系统就可以完美实现的，而是需要多个感觉系统在中枢的统一调控下进行，这就是感觉统合。

感统能力发展不足称为感统失调，是指个体的某一感觉系统、感觉系统之间、感觉系统与运动系统之间等的信息组织与整合不协调，导致信息统合过程发生异常，出现对刺激的不敏感或过分敏感、行为顾此失彼等现象。

感统失调成因复杂，多是遗传和环境因素相互作用的结果，且存在较大的个体差异性。

常见的感统失调现象主要表现为 5 个方面。第一，前庭功能及动作异常。转圈时不会晕或害怕身体旋转，身体平衡性差，容易摔跤，不会走直线，动作笨拙，跳绳、骑自行车困难。第二，触觉等肤觉异常。触觉过于敏感或者过于迟钝，对于洗发、洗澡、换衣服等体肤的外源性接触都不能忍受。嗅觉、味觉或痛觉也可能存在异常。第三，胆小、害怕。讨厌摇晃，不敢爬高，无法顺利下楼梯，对陌生环境适应慢。第四，视觉异常。眼球运动困难，手眼协调性差，经常将文字、数字、偏旁部首看错。第五，其他心理活动异常。主要有注意力集中性、持久性和分配性较差，做事效率低下等。

感统失调问题可以通过感统训练得以改善。人的大脑具有可塑性，脑组织的大小会因为活动的丰富程度不同而不同，正确的感统训练可活化新的神经细胞。研究指出，孩子主动与具有挑战性环境进行互动是大脑改变的重要因素。对于孩子而言，他们的各种感觉系统仍处于发展阶段，接受足够的刺激可进一步促进其功能的发展和完善，有利于提高孩子对各感觉系统的信息进行整合的能力。

【家长建议】

①及时就医。如若家长发现孩子有上述问题,应带孩子及早就医。通过专业治疗师的系统评估,为孩子制定个性化的感统训练方案。

②对孩子有耐心。孩子笨手笨脚、拖拖拉拉,总是动来动去、坐不住,家长也容易烦躁,其实很多时候不是孩子故意这个样子,也不是孩子搞破坏,而是感觉统合失调导致的。

③理解、尊重并支持孩子的差异发展。一旦孩子出现发育问题,家长及相关人员应当理性接纳并认识到问题的独特性,而不是回避问题或指责孩子。

④在家庭中给孩子进行感统训练,要坚持快乐的原则,以孩子的兴趣为主导。

(付福音)

入园困难宝宝

【案例1】

妞妞,独生女,3岁6个月,妈妈养育妞妞4个月后返回职场,此后妞妞白天由祖父母照看,晚上父母将妞妞接回家中。两位老人对妞妞关怀备至,父母不算溺爱,遇问题行为时均能做到耐心引导。妞妞在家活泼开朗,但遇见陌生人时会躲在父母身后,游乐场游玩时需父母陪伴在旁。早上入园时,总是被妈妈抱进幼儿园,不愿意离开妈妈,会一直紧紧地抱着妈妈不松手,也不说话,眼睛红红的,要是妈妈有放下她的动作,就会大哭不止,一直僵持到最晚,需要老师和妈妈一起配合才能将哭闹不止的妞妞强行抱进教室。入园1个月来,每每临近上学,妞妞便哭闹,在幼儿园不参加集体活动,中餐及点心需老师喂食,午休时能安静地躺在自己的小床上。放学爷爷来接时,妞妞仿佛活过来般,回家后十分黏人。自上幼儿园后，妞妞像变了一个人，话少了，胆子小了，人也瘦了很多。

【案例2】

亮亮，独生子，3岁2个月，活泼开朗，由祖父母与父母共同养育，4人均较溺爱亮亮，对其百依百顺，亮亮吃饭仍需喂。因为担心亮亮适应不了幼儿园生活，父母特地带亮亮参观了许多不同的幼儿园，暑假还带到亲子班过渡适应。但入园后亮亮哭闹着不让妈妈离开，幼儿园老师将其强行抱进教室。亮亮在教室轻声哭泣约1个小时才安静下来，不愿意加入群体活动，也不愿意与幼儿老师和其他同伴接触，总是自己一个人坐在班级的角落，默默地哭泣。午睡时间，亮亮的焦虑情绪达到顶峰，哭闹不止，老师难以安抚，遂由家人中午接回家，此后仅上学半天。每天早晨上学亮亮都哭闹不止，喊着"宝宝不要上学"，见到幼儿园老师就像老鼠见到猫一样，大声叫喊"不要，不要"，祖父母于心不忍，常常一起落泪，最后不得不暂停亮亮的幼儿园生活。

【分析】

上幼儿园是孩子从家庭生活走向社会生活的第一步。从宽松、自由、熟悉的家庭生活突然来到陌生的幼儿园，陌生的同伴和老师及约束的集体生活，都给孩子带来较大的心理压力。环境的转变必然会让孩子产生不安感，他们会哭闹、情绪不稳，常表现为大喊大叫、拒食、拒玩、拒睡、拒人、默默无语等。这些表现就是通常所说的新入园孩子的分离焦虑。分离焦虑是指个体与依恋对象或者家庭分离后，对陌生的人和环境产生的不安感和害怕反应，在人生的每一个阶段分离焦虑都可能发生，而初入幼儿园是分离焦虑最常见的发生阶段之一。

上述案例中的2个孩子，祖辈均较宠溺，对他们百依百顺，凡事代劳，孩子依赖性强，适应环境能力差，情绪调节能力差，对焦虑情绪的调节和宣泄通常都采用哭闹的方式，而这是孩子选择的最直接的，也是最简单的表达情绪的行为方式。

【知识点】

孩子产生分离焦虑的原因很多,上述2个案例的原因经初步分析后如下所示。

①心理发展原因。孩子对幼儿园的环境、老师、小朋友都有陌生感,因此产生了抗拒心理,陷入焦虑与不安之中。美国心理学家鲍尔比指出:儿童与某一特定人物之间形成永久性的情感联结,这就是依恋。心理学家对婴幼儿依恋的研究结果表明,70%的婴幼儿对妈妈的依恋属于安全依恋,他们在妈妈在场时能与陌生人一起玩。这说明大部分孩子在父母的陪伴下见到陌生的老师时会有安全感。因此,父母陪同可使孩子与老师在潜移默化的交往中建立信任关系,消除孩子与老师间的陌生感。

②环境及教养方式原因。每个孩子从小生活在自己熟悉的环境中,他们大部分被过分照顾与保护,生活自理能力差,因而对于新环境的适应,孩子就会感到孤独无助。

而从心理上分析研究,大致有以下几种情况。

①恐惧性分离焦虑:新入园的孩子因恐惧而产生分离焦虑是具有普遍性的。主要是因为孩子初入幼儿园,陌生的环境、老师、同伴给孩子带来了恐惧和不安全感,这是由情感、行为、生活、交往等诸多方面不适应引发的。

②厌倦性分离焦虑:因厌倦幼儿园而产生的分离焦虑多发生在入园的第二天或之后。这是因为孩子初来幼儿园,这里的一切他们都觉得新鲜,等他们感到不再新鲜时就会产生厌倦心理,引发恋家情绪而开始哭闹。

③传染性分离焦虑:这类情况多发生在入园时和离园前,表现为本来不哭的孩子看到同伴在哭,想起家人而跟着哭闹。

【家长建议】

1. 家庭方面

①家长的自我调节:首先,家长自身要做好心理和情绪上的准备,调

节好自己焦虑不安等负面情绪，以免影响孩子。要坚持送学，不能因为孩子说不想去或哭闹而放弃，否则会加重孩子的分离焦虑。其次，要充分信任老师，相信老师会照顾好孩子。

②针对孩子的事先准备：在入园前，给孩子打好预防针，告诉孩子幼儿园有很多好玩的玩具，还有老师、小朋友一起玩等，激发孩子上幼儿园的兴趣，尽量在孩子愿意的情况下，带孩子提前熟悉幼儿园，体验幼儿园生活。有意识培养孩子规律的生活习惯，如保持每天午睡等。锻炼孩子的生活自理能力，如穿脱衣服、自己进食等。培养孩子的独立性，为入园打下坚实的基础。

2. 幼儿园方面

①做好迎接孩子入园准备：老师需事先调整状态，热情、开心地迎接每一位入园的孩子，对于哭闹不止的孩子要耐心安抚，逐步缓解其焦虑情绪。

②做好家长工作：及时与家长沟通、交流，让家长了解孩子在园的一日生活内容，及时反馈孩子在园表现，可采用照片、视频等方式，让家长及时了解孩子在园动态，让家长相信老师能用心照顾好孩子。

③营造温馨的在园生活环境：老师应为孩子营造一个和谐、温馨、利于孩子身心发展的环境，精心布置教室的每个区域。例如，在教室放置孩子的某个熟悉物品，创设出家庭氛围，让孩子体会到家的感觉。可在孩子入园前，了解每个孩子的个性，孩子入园后，可以先以叫小名为主，微笑招呼孩子，使孩子对老师产生信任感、安全感，把对家人的依恋转移到老师身上，这可大大减轻孩子的分离焦虑。

④组织丰富有趣的活动：设计有趣的活动激发孩子的兴趣，转移孩子的注意力，促使孩子积极主动参与，这在一定程度上可缓解分离焦虑。

⑤因材施教：对于一些已经超出正常分离焦虑的孩子，老师应当根据孩子的个性特点，给予充分关注，及时回应其需求，积极与家长沟通，及时支持、帮助孩子。

3. 家园合作方面

要努力做好家园合作的衔接工作，研究表明幼儿园和家庭在培养孩子的生活自理能力方面存在着极大的差异。这就使得孩子在遵循幼儿园规则时又产生了许多的不确定性。因此，幼儿园和家庭应该做好衔接工作，共同为减少孩子的分离焦虑而努力。

①加强与家长之间的沟通：了解不同家长的不同需求并给予合理满足。密切与家长进行沟通，反映孩子在园的情况，对于需要帮助的孩子及时给予帮助，做好家长工作，为减少孩子的分离焦虑症状而努力。

②组织家长参加各项活动：幼儿园应该定期开展各项活动，如家长开放日、亲子活动等，使家长参与孩子在园生活。同时，可以组织讲座等，请专业人士来解答家长的困惑，教给家长正确的态度和应对方法，使得家长在面对孩子不停哭闹或是不肯上幼儿园时，能够正确、有效地进行处理。

③加强家园共育：幼儿园需要利用孩子的成长档案、家园联系手册和家校路路通等多元化的方式来向家长介绍本周或者这一主题下所需要的材料或者所进行的教学内容，使家长事先有准备，这样才能更好地配合教育活动。

④开展体验活动：幼儿园可以开展入园体验活动，有兴趣参与的孩子可以提前入园进行体验。可以请家长与孩子一起体验一天的幼儿园生活，让孩子熟悉在园的一日活动和规律、熟悉老师和小朋友、熟悉新环境，从而逐步减少孩子焦虑、紧张的情绪，自然而然地，孩子的分离焦虑就会得到缓解。总而言之，分离焦虑是现在新入园的孩子身上存在的一项普遍表现，幼儿园、老师和家长必须根据孩子的身心发展水平，做好协调工作。对不同的孩子也要采取不同的方法措施。只有这样，才能帮孩子快速适应幼儿园的环境，为以后的社会交往能力、社会适应能力的发展打下良好的基础。

（程芳）

第二章 学龄前常见心理问题

难养的孩子

【案例】

诊室里来了一个5岁小男孩,妈妈一脸愁容,孩子一副不以为意的样子,站在妈妈身旁一直拨弄着妈妈背包上的拉链。妈妈跟医生讲话前,先烦躁地对身旁的孩子吼道:"让你安静点,不要乱动,怎么就是不听话呢?"神情疲惫的妈妈看到医生就像见到救星一样,眼神中表达出需要医生尽快帮她解决这个难题的迫切。

据妈妈反映,这个孩子从出生时就爱哭闹,睡觉不准时,晚上经常闹腾到十一二点还不睡觉,只要一关灯就开始哭闹,大小便无规律……这让父母焦头烂额。随着年龄的增加,孩子的脾气似乎越来越大,也越来越难哄。有一次,妈妈想要给他换新买的衣服,他哭着不肯穿,妈妈越哄,爸爸越骂,孩子越变本加厉地哭闹。有时候带他去参加朋友的聚会,大家都围上来的时候,孩子就很不适应,闹着要回家,甚至有时候会掐妈妈的手来缓解自己的紧张。好几次孩子晚上想吃一块糖,爸爸告诉他:"我们之前约定好的,晚上不可以吃糖的,对牙齿不好,你可以等到明天再吃。"可是,孩子完全听不进爸爸讲的道理,只听到"不能吃"3个字就开始大哭起来,而且每次大哭都是不达目的不罢休。类似上面的"大战"场景,时时发生。现在孩子吃饭习惯还不好,需要家人追着喂,教他东西也不容易学进去,一不顺从他,他就哭闹,还常常跟小朋友闹矛盾。在学校里老师反映孩子表现还可以,但是只要跟家人一起,让他做什么事都很困难,这让父母感觉身心疲惫。

【分析】

小男孩其实是属于难养型气质的孩子,他的活动内容、活动水平和活动量不断变化。睡眠、进食、大小便等生理节律性活动不规律,如入睡困难、要追着喂饭。对周围人和环境的适应性差,很难主动去探索新环境。

对外界刺激反应强烈,不容易与人接触和交往,容易与小朋友产生冲突,与人接触、交往过程中消极情绪较多,如不高兴、烦躁、不合作。养育或带养过程中父母常常觉得困难。

这个孩子规律性差一些,他拒绝睡觉,哭闹明显,父母早期可能还会耐心安抚,毕竟是第一个孩子,但是耐心总会慢慢地被消磨。其实还是有一些应对的方法的,例如,可以在睡觉前设置一些固定的程序,给孩子一个心理准备的过程,如洗漱、睡前故事及最重要的晚安亲亲,这会让孩子非常期待。到了约定的时间就坚决关灯,告诉孩子"到了约定的睡觉时间就要睡觉了,这样你明天才会更有精神",如果孩子哭闹,可以安抚他的情绪,拥抱他一会儿,但还是要坚持关灯睡觉。

孩子面对新环境有点回避,适应较慢,父母需要接纳孩子的这一特点,不要给孩子施加压力,要给孩子一段适应的时间,可以先让孩子作为"观察者"来认识环境。例如,平时父母可以主动跟朋友打招呼,让孩子觉得放松、安全,这样孩子也会慢慢学习如何跟人接触,父母不要过度关注孩子,过一段时间孩子感觉放松了再引导孩子融入环境。

这一类型的孩子,可以说坚持性高是一个优点,在做事情的时候不怕挫折,不轻言放弃。但如果孩子坚持的是不对的事情,那么这就容易被解读为倔强,这就是气质的两面性,本身无好坏之分,但是有利有弊。父母在跟孩子订立规矩前要讲明白,例如,让孩子知道,在我们家晚上不可以吃糖,每个人都不例外。所有家庭成员要保持一致,尤其是孩子哭闹的时候。孩子哭闹只是一种情绪的发泄,家里教育观念不一致,父母管,老人旁边讲情,会让孩子迅速意识到有机可乘,这时候哭闹就变成一种达到目的的手段。

孩子情绪状态是正性的(积极、愉悦、开心),还是负性的(不友好、不愉快、不和悦),很大程度上取决于父母的教养方式。如果父母意识到这是孩子一种天生的气质,并不是在故意捣乱,能够接纳孩子,那么经过一段时间的调整,孩子一定会有所改变。

【知识点】

气质是孩子出生后最早表现出来的一种较为明显而稳定的人格特征,

是个性发展的基础。气质是心理活动表现在强度、速度、稳定性和灵活性等方面的动力性的心理特征。根据9个维度得分,气质可以分为难养类型、启动缓慢类型、易养类型和中间型4种。

随着年龄增长,各气质维度的特点受到环境因素(特别是父母教养方式、性别角色期望)及环境因素与遗传因素交互作用的影响,不同气质维度会发生部分变化,不同孩子会在越来越多的气质类型上表现出更为明显的差异。气质特征具有一定的可塑性,受到后天环境的影响,所以教育(包括家庭教育与学校教育)就显得尤为重要。

【家长建议】

①对于反应剧烈、过于敏感的孩子,要避免激怒,切忌打骂,而应多以耐心说服、教育的态度对待。

②教导孩子学会克制自己,纠正其任性、刁蛮、不讲理等不良习惯,可通过有节奏的运动、舞蹈、游戏等养成孩子规律性的行为,从而来疏泄孩子过剩的精力。

③对于适应差的孩子,要让他们接触安全的环境,并提前告知孩子应该如何去做,家长不要总是不放心,不要过多地包办代替,尤其是隔代养育时,注意培养孩子的独立生活能力,自己的事情要自己做。

④多用正性语言鼓励孩子,例如,"你真行,我相信你一定能做好的"等。对于年龄大些的孩子要多些具体夸奖的话语,例如,"你今天作业写得很工整,准确率高,做得特别棒"等。多去发现孩子的闪光点,让孩子与自身做比较,努力发现孩子进步的地方,增加孩子的自信心。

⑤避免在公共场合批评、指责孩子,遇事采取冷处理,即在孩子情绪最激动时,不要理睬,待高兴时再提及此事,并且让孩子说说自己对待事情的做法,哪些是对的,哪些是错的,指导孩子以后遇到类似的事情应如何正确处理。

⑥不能让爱作为筹码,家长对孩子的爱应该是无条件的。家长可以不接纳孩子的行为,但是不能因为孩子做得不好就少爱他们,爱是无条件的。

⑦面对自控力比较差的孩子，家长可以有意识地从一些小的事情开始培养孩子的自控能力，如延迟满足。

⑧孩子和同伴产生矛盾时，可以尝试让孩子自己处理，家长可以放手或者适度协助调解。

⑨在处理家庭问题时，夫妻之间应遵循"要接纳，不要改造"的原则，互相谦让，互相理解，克制自己，尽量不要在孩子面前争执。

（朱珍珍）

在社交场合不愿叫人的孩子

【案例】

诊室里接到过这样一个家庭：父母神情焦虑，孩子躲在妈妈身后露出一个小脑袋，妈妈把他拉到前面来跟医生打招呼，小男孩低着头不开口。据爸爸反映，孩子现在4周岁了，在外面遇到熟人时从不喊人。这让孩子爸爸非常尴尬，觉得在同事和亲朋好友面前很没面子，担心别人会觉得自己孩子没教养，所以爸爸就会跟孩子说"你再不喊叔叔，我们就把你留在马路上""叫了阿姨才有巧克力吃""宝贝越来越不乖，都不肯叫人，爸爸妈妈不喜欢你了"这些话。但即使是这样逼迫孩子，得到的反馈仍是一声不吭。父母本认为这可能是因为孩子对外面的环境比较害怕，但是家里来客人，让孩子跟客人打个招呼，孩子非但不说，反而一溜烟似的跑了，躲在角落里，根本就不出来，直到客人离开，孩子才出来。"孩子这样，我们做父母的特别苦恼。"孩子父母说道。

这个孩子是足月顺产，出生时各项指标都正常，生长发育与同龄人相仿。但是细心的妈妈发现他跟同龄的孩子有些不同。例如，一岁半时，外婆给他和差不多年龄大的表妹买了同样的玩具，表妹立刻表现出很开心，但是他拿到新玩具时好像并没有特别兴奋的表情，而是看似淡定地观察这个玩具，第二天才表现出对这个玩具的喜欢；3岁以后，有几次带他去不同的游乐场玩，第一次去的时候他很多时候是躲在父母身后，对于游乐项目并没有表现出明显的兴趣，但是如果问他想不想上去玩一下旋转木马，他会表现出在思考，很久才能给父母回应，最后是爸爸陪他上去尝试了一下，半个月后他跟父母说还想去玩旋转木马；刚上幼儿园那会，他在学校适应比较慢，据老师反映，父母将其送到幼儿园后，他会自己一个人孤零零地站着，不愿跟同伴玩，后来经过老师慢慢引导，才逐渐融入幼儿园的大家庭中。

【分析】

这个孩子属于缓慢型气质。所谓缓慢型气质就是指活动水平低，最明显的特征就是做什么事情都比别人慢半拍，在对事物的理解方面也会比别人反应更迟钝些，对环境刺激的反应（积极反应和消极反应）比较温和，对新环境的适应比较慢，表现较为安静和退缩，需要通过安抚和教育才能使其逐步适应新环境。

【知识点】

一般情况下，缓慢型气质的孩子在 1 岁以内通常比较安静，不爱大哭，也不太大笑，对新玩具起初并不感兴趣，需要经过一段时间的适应，才逐渐表现出对玩具的喜欢或不喜欢。这类孩子在接受和适应新环境时通常比较慢，常常会被误认为反应迟钝或"笨"。同时，行为抑制、社交能力差、对环境情绪反应强烈，会引发一系列心理问题，如胆怯、淡漠、孤僻等。

虽然缓慢型气质的孩子对外界的接受度比较低，但是这样的孩子对一件事情的执着度会很高。在做一件事情的时候，他们会以十分认真和负责的态度，全身心地投入事情中去。这类孩子的性格也会更加沉稳，思考问题和做事情都比较理智、冷静，对于一件事情的观察力和洞察力较之于其他孩子都会更强。

【家长建议】

1. 接纳孩子的"慢"特点

慢热、内向是特点，但不是缺点，要接纳孩子的独特气质。孩子是一

个独立的个体，家长要学会客观地看待孩子的需求，并调整自己的养育行为来适应孩子的需求。试着摆脱自己的期望去观察和理解孩子的气质。不论是否和家长期待的一致，请接纳，必要时可以调整心态重新审视孩子的行为。如果孩子在社交场合不愿叫人，如家里要来家长的朋友，那么在这个朋友没来之前，可以先对孩子说明朋友的情况，告知孩子这个朋友跟家长的关系如何亲密，教育孩子如何礼貌接待家长的朋友，预先给孩子设计一下交流用语等。这样孩子就预先熟悉了即将发生的事件，在大脑里有了印象。当朋友来了，尽可能鼓励孩子接待朋友，及时表扬，这样孩子就能很快亲近朋友了。适应新环境也是如此，应先让孩子进入一个类似的环境，或观察或参与，让孩子感觉到环境的存在，避免孩子一下子进入一个陌生环境，使其产生强烈的回避反应。另外，家长不要吝惜自己的称赞，要积极肯定孩子行为的进步。慢热的孩子永远不会变得特别活跃，但是也可以在家长的帮助下克服羞涩，摆脱怕生的冲动。引导并不是为了彻底改变，只是帮助孩子战胜自己的小情绪，学会更多的社交技巧。

2. 培养孩子有目的性地完成一件事情

对于缓慢型气质的孩子，家长要更富有耐心。学会高质量地完成一件事情是他们发展的最好方式。要培养孩子有目的性地完成一件事，如果孩子对于这件事情是有所期待的，这就能够增加孩子做事情的动力，孩子在思考的时候也能产生更多的想法，从而有利于培养孩子的思维活跃度，让孩子的理解能力更强。在生活中，家长可以帮助孩子朝着一个既定的目标不断努力，当有了目标之后，孩子就会全身心地投入事情的完成中。

3. 不要随意给孩子"贴标签"

当孩子不愿和陌生人打招呼时，很多家长喜欢给孩子"贴标签"。家长会把孩子接受新事物能力慢、吸收能力不高归结于孩子脑子笨、胆小、懦弱，然后会更加严苛地对待孩子，其实这样反而会出现负面效果。家长这个时候可以尝试对孩子说"你善于观察""你做事情有自己的原则""你很稳定"等积极评价来替代负面评价。对于孩子来说，家长的话语非常具有可信度。如果家长经常因为孩子做事慢而责怪孩子笨,孩子的内心会觉得自己真的笨。长期从家长那里接受这些消极的反馈,孩子会慢慢地变得越来越自卑。对于缓慢型气质的孩子来说,他们天生比较消极,容易自我否定,因此家长需要积极正面地教育孩子,引导孩子养成从正面思考的习惯。

4. 切勿拔苗助长,学会顺其自然

家长都希望自己的孩子能成大器,但看到孩子做事总是慢慢吞吞,就会忍不住去逼迫孩子,有时候还会去指责孩子的慢行为。但是对于这些缓慢型气质的孩子来说,最关键的一点是要让他们按照自己的节奏去适应环境、思考问题。世间的一切都有规律可循,每个孩子都有自己独特的特点,家长不应该用一般的标准去要求孩子这样或那样。当孩子的感受比较丰富时,要相信他们,尤其是在孩子描述自己的不适或者痛苦时,家长要更加关注。要学会顺应孩子的气质,多给孩子一些独立的时间和空间,懂得以顺其自然的态度教育孩子。

5. 良好的家庭环境

缓慢型气质的孩子存在适应障碍,对于不稳定的家庭因素也是很敏感的,所以家长之间争吵比较多,会让孩子变得没有安全感,甚至会认为家长之间的吵架是因为自己而起,从而产生内疚之情。和谐、愉快、稳定的家庭氛围能让孩子更好成长,如果在此期间,孩子因为好奇而开始对外探索,家长也要给予更多的安全感和支持,这样孩子才能更好地接受外界信号,积极给予回应。

(朱珍珍)

容易生气的孩子

【案例】

面带愁容的妈妈拉着一个满脸泪水的小女孩走进诊室,进门之后随即将孩子推到旁边的椅子上,并命令地说:"你就好好坐在那,不要再哭了。"这位妈妈坐下来后恨不得一口气把孩子的情况都告诉医生,她说:"我家孩子4周岁半了,现在读幼儿园中班,聪明是聪明的,每次带她去学手工、舞蹈、绘画,都很快能上手,但就是动不动就喜欢生气。标准动作就是双手抱臂、嘴巴一撇,真的是很频繁,一天三四次。孩子常常会因为一件小事做不好、别人无意中说的一句话或同伴不经意的一个眼神就特别生气,要么把自己关在房间里不出来,要么气得大哭,要么摔东西、打人……总之,是一阵暴风骤雨。不管你怎么劝都不会有改善,有时反而越劝越厉害。在幼儿园也是这样,生气之后就喜欢躲在角落里,老师怎么喊她名字,都不回应,老师都找我们去谈话好几次了,让我们带孩子去医院看看,这让我们家人很苦恼。"

医生详细询问了孩子的家庭情况。孩子的父母工作比较忙,夫妻关系尚可。妈妈性子比较急,爸爸更理性些。孩子从出生到10个月大都是由妈妈抚养的,但是妈妈常常会把她仅仅是放在视线内,然后就去忙自己的事情了。10个月之后孩子由外婆来帮忙照顾。虽然两家距离很近,走路不过500米,但是孩子跟妈妈由每天能接触变成只有周末才能见面。而且,外婆对孩子非常溺爱,即使孩子闯了祸也都护着她,不舍得打,不舍得骂。在家里,她就是个小公主,想干什么就干什么,想买什么就买什么。有时候妈妈想指出孩子不好的行为并予以处罚,但孩子总被外婆护住,并且外婆还会把她陈旧的观念再述说一番:"孩子太小,长大了自然会好的。"孩子有了"护身符"更加肆无忌惮,并且随着年龄的增长,孩子的脾气仍未有所改善。

第二章 学龄前常见心理问题

【分析】

此案例中的孩子的早期依恋关系没有发展好。虽然从出生到10个月大是由妈妈亲自照顾的，但是妈妈大多时间只是把她放在自己可视范围内，然后去忙自己的事情。其实这样会让孩子缺乏安全感，让孩子对周围的事物感觉不安、恐惧，在不安和恐惧得不到释放时，孩子就会选择发脾气。

10个月之后外婆帮忙照顾，更换抚养人及隔代抚养会面临新的问题。妈妈由于工作而选择离开孩子，会让孩子觉得妈妈不爱她，甚至要抛弃她。外婆对孩子的需求又是有求必应，这样孩子会越来越任性，会形成只要任性发脾气就可以得到自己想要的潜意识。久而久之，孩子的脾气越来越大。

妈妈在来到诊室时对孩子一番吼骂的行为表明妈妈自己的情绪管理做得也不是很好，可能是因为孩子做了不好的行为，当然也有可能是因为被自己工作上的事情所烦扰。其实对于孩子来说，面对新世界，任何东西都需要去学习，而学习最早的方式就是模仿。如果妈妈在孩子面前频繁地发脾气，就极易引起孩子的学习，让孩子也容易发脾气。

【知识点】

所谓依恋是指婴幼儿与抚养者之间的一种积极的、充满深情的情感联结，是婴幼儿寻求并期盼与抚养者保持亲密接触的一种倾向。它源于婴幼儿对养护、照顾、关心、爱护他们的人的一种安全感和依托及由此而产生的亲情的需要和体验。大多数父母和抚养者认为，满足孩子的需要就是给他们提供更好的生活条件，故会把大量的精力放在工作上。但是，在生理需求满足的同时，父母不能忽视对孩子的心理需求的发现和满足。很多时候，心理上的满足是通过隐蔽的方式表达出来的，很少有父母能及时关注和重视。如果父母能够敏锐地觉察出来这些心理信号并及时给予满足，孩子会更容易形成安全型依恋。父母应该多和孩子一起做游戏，模仿他们的声音、表情和动作，让孩子获得一种愉快的感受。然而，在安全型依恋关系建立的过程中，父母也需要让孩子正确面对分离。如果可以让孩子了解

父母的去向,孩子会认为父母的离开只是暂时的,而不是抛弃。这样,孩子会有安全感,能够学会忍受挫折、自我安慰、调节情绪,能够具有较高的自尊和自我认同。

此外,一般3~6岁的孩子已经有了一定的社会意识,有了独立的愿望,想要自己干一些事情,萌生了自我意识。故在此阶段,孩子对大人的包办代替和一味摆布开始感到反感,他们想要反抗大人的操纵,试着自己去独立地解决一些事情。但由于能力有限、社会知识经验不足、解决问题的方法不合适,他们常常容易弄巧成拙。当他们的愿望不能实现时,就会着急、发脾气。

【家长建议】

1. 呵护好孩子的好奇心

孩子出生后,随着对环境的不断接触及自身的生长发育,对于周遭的事物渐渐产生了好奇心。这时家长要学会尊重孩子的想法,只要没有危险性,就支持孩子去做、去表达。这样会在很大程度上避免孩子因为被限制探索而表现出烦躁的情绪。

2. 平常心接纳孩子的情绪

当孩子发脾气时,家长要接纳孩子的负面情绪,然后把孩子的行为用描述性的语言说出来,越详细越好,这样才会让孩子觉得家长真真切切地在关注和接纳自己。只有当孩子感受到自己被理解之后,他们才会平静下来听家长讲下面的话。因此,家长一定要站在孩子的角度和在孩子的能力基础上想这些问题。如果家长的内心觉得这些问题太小、不重要,觉得孩子笨、孩子烦,这种感受一定会传递给孩子,帮助就是无效的。而且,很多时候孩子说不清楚自己到底因为什么生气,家长就需要给孩子做选择,猜出几个原因让孩子来选,可见平时对于孩子的观察和了解是非常重要的。要时常鼓励孩子练习说出自己的感受和困难,每一次解决了具体的问题之后,一定要让孩子练习表达情绪,说出自己的感受和困难。因为只有当孩子学会恰当地表达感受,情绪才能释放,这是个非常重要的能力。

3. 开展家庭情绪成长竞赛及代币奖励制

核心家庭成员包括爸爸、妈妈和孩子,形成家长和孩子互相监督情绪的模式,可以有效改善孩子的负面情绪。即每天每个人把各自生气和发脾气的次数记录下来,孩子不会写字前可以由家长代为记录,比一比谁在一周之内生气的次数越来越少。没有进步的人要在周末的家庭会议上对大家说"对不起,我会努力改变自己的",进步较多的人可以获得代币奖励。集齐一定数量的代币以后,就能用这些代币换取自己喜欢的东西或是实现自己的愿望。当然,家长在奖励的过程中要注意把握好方向性和教育性,要让孩子明白对他们的奖励不是因为他们做的事情本身而是因为他们做事情时表现出来的态度和思想品质。家长应当让孩子明确奖励的意义。奖励的教育性是通过奖励使孩子有光荣的感受,有幸福的体验,从而增强孩子的自尊心和自信心。

(朱珍珍)

第三章　学龄期常见心理问题

注意力不集中的孩子

【案例】

妈妈满脸愁容地和小 A 一起走进来，而小 A 一脸无所谓的样子。小 A 是一名三年级的男孩，从一年级开始就注意力不集中，上课容易被别的事情分心，上课喜欢插话，特别喜欢接老师的话，什么话都接。以前做作业慢些，后因新冠肺炎疫情，返校后作业更多了，每次做作业都要做到很晚，有时作业仍做不完，第二天早上又起不来，在老师那里挨批评的次数也逐渐增多。随着年级越来越高，学业压力也越来越大，加之他平时容易犯粗心大意的小错误，学习成绩慢慢变差，一年级那会还能考八九十分，现在只能考六七十分了，成绩在班里是倒数的。妈妈给他报了好几个培训班也没什么效果，在培训班上课也不注意听，父母也为此打过小 A，但是没什么效果。现在孩子大了，一直打骂也不是办法，并且孩子越来越无所谓了，好像怎么样都行。

小 A 是家里的老大，还有一位 3 岁的妹妹，从小是奶奶帮着妈妈一起带孩子。妈妈仔细回忆了一下说，在怀小 A 的时候有点宫内缺氧，其余没有异常。小 A 小时候说话、走路和同龄人都差不多，也能和别的小朋友一起玩耍。但是，妈妈发现小 A 从上幼儿园开始就有一点注意力不集中，在幼儿园的时候喜欢下位子，老师教育了一段时间才学会不下位子，只是那会儿才上幼儿园，也没有什么学业方面的压力，父母也就没有过多关注，以为孩子长大了就会变好。爸爸工作较忙，孩子平时都是由妈妈在管教，通常爸爸会出现在妈妈也应付不了的场景中。例如，妈妈被小A气哭了，这个时候爸爸就会出现，然后根据妈妈被小A气的程度决定打得厉不厉害。

【分析】

小A的情况在医学上叫注意缺陷多动障碍（attention deficit and hyperactivity disorder，ADHD），又称多动症。多动症是指发生于儿童时期，以明显的注意力集中困难、注意持续时间短暂、活动过度或冲动为主要特征的一组综合征。多动症是在儿童中较为常见的一种神经发育障碍，更多见于男孩。

小A由于遗传和环境因素患了多动症。他的大脑额叶的功能较之同龄人更弱，在控制自己的注意力、执行指令方面比同龄人差，而这些都是外表上看不见的短板，甚至有时候比同龄人还多了几分"机灵"。小A的父母和老师以同龄人的注意力水平来要求小A，当小A达不到时，他就会招来批评、指责，很少被表扬、认可。大人们会认为他是故意不认真听讲，故意做作业拖拉，故意不听话，故意和父母、老师反着来，甚至被贴上"坏孩子""捣蛋鬼"的标签。随着年级越来越高，学业压力越来越大，小A的注意力虽然能随着年龄的增长有所改善，但仍然不足以应对繁重的学业要求。久了以后，小A自己也无所谓了，不想再追求表现好被表扬和肯定了，因为那太难了，看起来像是破罐子破摔了，成绩也每况愈下。父母在看到小A的不积极、不认真、学习成绩下降后，施以更加严厉的养育方式，这样就形成了养育上的恶性循环。

虽然有些患有多动症的孩子也表现为学习成绩差，注意力容易从一个活动转移到另一个活动中，控制能力也不好，但是他们的智力水平是低于正常智力水平的，学习成绩和他们的智力水平基本是一致的。而像小A这样的孩子，他们的学习成绩是明显低于智力水平的，经过对症治疗后学习成绩是能提高到与其智力发展一致的水平的。

还有一些孩子生活在家庭关系很不好的环境中，他们很难处在安静、平和的家庭氛围里，家人总是互相指责、互相吵架，甚至打架。他们也有

可能表现为注意力不集中、情绪不好、学习成绩差等，但是他们不是这里所说的多动症。因为，只要把这些孩子重新放在一个稳定的、安全的生活环境中，注意力不集中、情绪不好等问题就会显著得到改善甚至消失，学习成绩也能很快提升。

【知识点】

ADHD 是一种神经发育障碍，其核心症状为注意缺陷、多动及冲动，它对个人的学业、工作、人际关系、家庭和社会经济等方面都有可能产生不同程度的负面影响。ADHD 的患病率在 5%～8%，其中注意力不集中型约占 50%，男女比例为 4∶1。

目前的研究表明，ADHD 与遗传因素有关，可能是多基因遗传，也可能与多巴胺受体基因的多态性有关。ADHD 患儿可能存在中枢神经系统成熟延迟或大脑皮层的觉醒不足，也可能其多巴胺和肾上腺素更新率降低、功能低下等，ADHD 患儿易被影响的区域是大脑额叶的多巴胺通路。而一些不良的社会环境、家庭环境，如父母感情破裂、养育方式不当、经济拮据等，可能会增加罹患 ADHD 的危险性。

不同年龄阶段的 ADHD 患儿的表现方式不尽相同，不同类型的 ADHD 表现也会有不同。例如，在婴幼儿时期，孩子会表现为过于活泼、睡眠不安、情绪急躁，父母会感到喂养比较困难，孩子容易腹痛、偏食；而在开始学步时，孩子往往以跑代走，手脚不停乱动，经常摔倒，注意力集中时间短暂；而到了学龄前期，孩子的小动作很多，很容易分心；到了学龄期，孩子表现为不能很好地遵守学校纪律，上课虽然人坐在那里，"神"却不在了，不专心听讲，常东张西望或发呆，学习易分心，听见任何声音都要去张望，做作业拖拉，还边做边玩，作业脏乱，也常少做或做错，不注意细节，易出现粗心大意的错误。

ADHD 对孩子的各个方面都有可能产生不同程度的影响，有学者认为等 ADHD 患儿到了青春期症状就会缓解，后来有学者提出 ADHD 的影响会持续到成人期，如果不加以干预，成年 ADHD 患者除了仍存在 ADHD 症状外，同时还更易患各种精神障碍，如心境障碍、焦虑障碍、物质滥用、反

第三章 学龄期常见心理问题

社会型人格障碍等。因此，早发现、早干预对 ADHD 患儿的远期预后尤为重要。

一般医生是如何诊断 ADHD 的呢？注意缺陷、多动、冲动症状符合以下条件时，孩子才会被确诊为 ADHD。首先，这些症状是在 12 岁以前出现的，以前的诊断标准要求在 7 岁以前出现，而最新的国际诊断标准将时间调整为 12 岁以前。其次，孩子的问题表现在多个场合，如家里、学校和公共场所，有的父母会有这样的困惑：我的孩子只有在做作业时才会注意力不集中，他玩游戏或看到感兴趣的书时注意力可集中了，可以持续 2~3 个小时。这可能是因为读书或写作业是一项相对枯燥且需要高度集中注意力的任务，其激励是在考试考高分时才得以感受到，而玩游戏时可以被闯关或者获取金币时的音效画面所激励，可以即时获取通关奖励，这能够帮助他维持注意力集中。再次，症状持续的时间至少达到半年。最后，这些症状必须已经影响到孩子的家庭关系、学业发展或人际交往，孩子的问题已经严重到超出了同龄人水平。因此，如果怀疑自己的孩子有注意力不集中、多动或者冲动方面的问题，请父母及时带孩子去专科及时排查。

那么，被诊断为 ADHD 之后应该如何应对呢？现有的研究证明，药物结合心理行为治疗是最为有效的治疗策略。药物治疗包括中枢兴奋剂（如哌甲酯缓释片）、选择性去甲肾上腺素再摄取抑制剂（如托莫西汀）、α_2-肾上腺素能受体激动剂（如可乐定、胍法辛），还有某些抗抑郁治疗药物。选择何种合适的药物需要请专科医生评估后决定。非药物治疗主要包括行为治疗和父母培训等。研究发现，行为治疗与兴奋剂治疗同属一线治疗。父母培训可以提高父母对 ADHD 的认识，促进父母对行为治疗原理的理解，提升孩子对父母指令的服从性，从而提高治疗效果。

【家长建议】

①如果在平时的观察中，家长发现自己的孩子相较于同龄人有注意力不集中、不注意细节等表现，家长先不要急于下结论，可以带孩子到儿童保健科或者儿童青少年精神心理科，通过专科医生的评估来鉴别孩子是否患有多动症。

②当孩子被确诊为 ADHD 后，家长会产生要怎么帮助孩子、该选择什么样的治疗方案等一系列问题，可能还会因为这些问题而迷茫困惑、不知所措。此时，家长需要得到有效的支持和帮助，需要专业人员从理解 ADHD、制定治疗方案、接受心理行为治疗等方面提供系统的指导与帮助。

③在有余力的情况下，家长可以学习关于 ADHD 的知识，而这也是很多家长干预后一开始要做的工作。在了解何为 ADHD 后，家长会更为理解自己的孩子，在这样的前提下，再去学习一些行为管理策略。大多数针对正常发育儿童有效的行为管理策略对 ADHD 患儿也是有效的，有一些是要针对 ADHD 患儿做出调整的，改变的步伐要迈得更小点，如在延迟等待上、在注意力的维持上等，即在 ADHD 患儿表现弱的行为、情绪方面，家长应更有耐心，要求也要设置低些，这样孩子在改变时才更有信心继续下去。

④为人父母是一件非常辛苦的"工作"，而且这份工作没有"岗前培训"，多数人都是"无证上岗"。在养育孩子过程中，家长会面临很多的压力和挑战，而在养育 ADHD 患儿时，可能面临的压力和挑战更大。但是需要记住的是：在为人父母的同时，照顾好自己也是非常重要的！如果把家长比喻成一个杯子，杯子里的水代表家长的精力、能量、资源等，孩子的各种需求会不断地消耗掉杯子里的水，如果一直在给予，水杯最终会慢慢变空，最终家长会感到疲惫不堪、能量耗竭，无法再给予孩子帮助、支持，甚至会情绪失控，把受挫、不良的情绪发泄在孩子或伴侣的身上，导致家庭关系紧张。因此，家长需要不定期地，或在自己觉察到能量快要耗竭的时候，做一些自己喜欢的事情，如睡个懒觉、泡个澡、和朋友打个电话、读一本书、和老友一起踢一场足球、散步和美甲等，有时也可以是孩子和伴侣的一个拥抱、亲吻，以此来给自己充电，让自己的杯子再次变满，从而可以继续帮助和支持自己的孩子。现在请您想一想，哪些事情可以给自己充电？您上一次做这些事情是什么时候？看到这里，您有打算再为自己做些什么吗？如果您有答案了，请您先照顾好自己，这样才能更好地照顾好孩子。

（汪贝妮）

第三章 学龄期常见心理问题

总是在学校闲不住的孩子

【案例】

这次走进来的是一家三口，小 B 走进诊室后马上选择了一个离他爸爸最远的位置坐下，一坐下就对医生办公桌上的各种电脑设备非常感兴趣，在父母描述他的情况时，东拉一下鼠标线，西扯一下签名板。因此，医生不得不一边努力地听他父母描述他的情况，一边防止他把电源线扯掉。

小 B 爸爸说带孩子来是因为学校班主任要求父母一定带孩子看医生，学校老师称："孩子精神上好像有问题，带他去××医院看看吧。"小 B 经常丢三落四，有时作业本都找不到，书包、书桌也是一塌糊涂，经常已经出门上学了，才发现又落下什么物品、用具，而且明明父母已经提醒好几遍了。老师让他写课堂作业，速度是很快，可是写的字却乱到飞起，家庭作业也是一样。屁股就是坐不牢，就像椅子上有钉子似的，喜欢和同桌讲话，哪怕是在上课的时候。在学校和同学容易发生争吵，甚至打架，而且不止一次，这次还和老师打架了，好几个和他有过冲突的同学的家长一起向班主任反映情况。班主任觉得小 B 对班里其他同学造成了很大影响。小 B 现在读六年级，小学前 3 年还好，症状没有这么严重。从四年级开始，小 B 脾气变大，他认为周围同学烦到自己时，就会和同学争吵，甚至动手打架，父母因其打架被喊到学校二三次。六年级时，父母为他转了个学校，本来以为换个环境应该会好些，结果新学校上学期父母就被班主任喊去学校四五次。最近有一回因做作业与妈妈有争执，和老师说要退学不读书了，发脾气时还砸东西。对于小 B 容易和别人起冲突的事情，父母不知道打了他多少回，好说歹说，真的是屡教屡败、屡教不改。妈妈补充说，有时候带他去超市买东西，也有可能发生不愉快的事情，因为小 B 特别讨厌排队，总是说"怎么这么慢""那个人怎么这么磨叽"，和别人碰了一下就能吵架，父母在旁边又是气又是不好意思，劝他时他还怪家人不站在他那边。妈妈还说，小 B 在学校食堂吃午饭时，也喜欢插队，自己要加饭加汤会自顾跑到最前面，不管后面有几个人，我行我素，和他说别这样，他就说太饿了、太渴了。在描述小B的情况时，父母不停地互相指责。爸爸说："孩子都是他妈妈在带，现在出了问题，主要责任在她，我每天工作已经这么忙了，现在还要管小孩！"。妈妈说："是，你忙，你最忙了，你下班回家什么都不做，两脚一翘就开始玩手机，我没有工作吗？我不用上班吗？回家后家务活不是还是我来做！我还要管孩子，孩子还不听话！你行你来管！"

根据父母回忆，在妈妈怀小B时没有什么特殊的事情发生，小B是足月顺产生下来的。小B开口说话、学走路的时间都和同龄人差不多，母乳喂养到1岁多，平时主要是妈妈照顾他，爸爸工作比较忙，陪伴较少。从上幼儿园开始，小B就有多动、上课下位子的行为，当时妈妈也带小B看过儿保科医生，医生说孩子还比较小，需要再看看，后来也就没有看医生了。等到他7岁上小学了，情况越来越明显了，父母起初认为严厉点应该能让小B改正过来，因此，每次在老师反馈小B在学校不好的表现后，回家必然是一顿"竹笋炒肉"，有时是"单打"，有时是"混双"！小B老实不了几天就故态萌发，亲子关系现在也是非常紧张。因为小B最近在父母打他时会还手，尤其是对妈妈，脾气也变得暴躁。因为是独生子，父母对小B寄以很高的期望，对小B的要求比较严格。经过医生了解，小B的爸爸小时候也是非常调皮、捣蛋的，爸爸形容自己小时候像马达一样，一刻不停地动，因此学习成绩不好，小B爷爷也是经常打小B的爸爸，小B的爸爸很早就退学进入社会了。

【分析】

小B的情况在医学上叫ADHD（多动－冲动型）。ADHD是在儿童中较为常见的一种神经发育障碍，更多见于男孩。关于小B为何变成如此，在注意力不集中的孩子案例中已做分析，这里就不赘述了，有兴趣的可以再去看看。在这里笔者想更多地分析ADHD中的一种类型：多动－冲动型。在目前通用的诊断标准中，9项多动－冲动型症状里符合6项及以上，持续6个月以上，在12岁以前出现的，就可以诊断为ADHD（多动－冲动

第三章 学龄期常见心理问题

型）。然后，临床上还需要注意将其与另外两类人群区别开来：有一些孩子在学校也经常破坏校规、打架，多表现为不服从老师、和老师对抗，甚至对抗学校领导；还有一些孩子表现为不管其他人，甚至有违法犯罪行为。第一种叫对立违抗障碍，第二种叫品行障碍。ADHD（多动－冲动型）患儿一般没有严重的反社会行为，他们是因为自控能力差、做事无法考虑后果，并不是成心想要这样的。

由于小 B 是 ADHD 患儿，而他的父母又不知道这点，因此父母对他的要求和其他普通同龄人的父母一样，要求小 B 和同班同学"跑"得一样快，甚至把自己读书时候没有达到的目标，也转移到了孩子身上。所谓爱之深责之切，小 B 承受了更大的压力，他也想表现良好，但是自身达不到要求，父母、老师都认为他是故意要这样惹是生非，他承受了很多的委屈。而且在听到老师对小 B 的批评、指责时，父母选择的管教方式也是不太恰当，他们用责打的方式希望孩子能改正自己的不良行为。这种方法固然短时间内能起到作用，孩子听话了，但是父母在打孩子的时候，其实也给孩子树立了暴力、打人的"榜样"，孩子就会从父母处习得：哦～原来这种情况是可以用打人、打架的方式解决的。或者孩子在犯错后被父母打了一顿，然后他就认为：嗯，我犯错了，然后我被打了，所以这件事情到此结束了。孩子不太会从一个错误中总结别的经验教训，经常被打的孩子长大了以后，很可能会信奉这样的理念：打是亲骂是爱，不打不骂不相爱，爱到深处用脚踹。孩子可能会学会"如何不被你抓住"，从而逃避父母的打骂。如果经常打孩子，甚至打得很严重，孩子长大后可能会易怒、愤世嫉俗，会变得低自尊，甚至父母可能会被认定是在虐待儿童。研究表明，责打孩子在管理孩子的行为方面可能不比其他方法有效，因为打孩子产生的效果很难持续。

读到这里，有些父母可能会问：不用打孩子改正孩子的"缺点"，那用什么方法呢？这里就引出了另外一个概念——暂时隔离法：即当孩子出现某种父母不能允许的不良行为时，及时将孩子隔离在一个单独的地方，利用隔离的这段时间，让孩子安静下来，让孩子明白被隔离是因为自己的不良行为，他们需要改变这种不良行为。如果孩子出现了不良行为，父母

打了孩子,那么孩子很可能认为事情到此为止、一笔勾销了,他们也不用费心反思做过什么,而暂时隔离则让他们不得不学会处理诸如羞愧、内疚等负面情绪。从长远来看,暂时隔离法对孩子的不良行为更有效。

【知识点】

在注意力不集中的孩子案例中,我们已经知道 ADHD 是一种神经发育障碍,以及其可能的成因和预后,这里着重介绍 ADHD(多动-冲动型)。多动-冲动型 ADHD 在《精神障碍诊断与统计手册(第5版)》(DSM-5)中的9个症状是:经常坐不住,手脚动个不停或在座位上扭来扭去;在教室或其他场所,经常离开座位;经常在一些不该动的场合跑来跑去或爬上爬下;经常无法安静地玩耍或从事娱乐活动;经常忙忙碌碌,好像"被发动机驱动着"一样;经常话多,说起来没完;经常在问题没说完时抢先回答;经常难以按顺序等着轮到他;经常打断别人或强迫别人接受他。

关于 ADHD 的研究表明,ADHD 存在家族聚集现象。早期研究发现,ADHD 患儿的父母在小时候患该症的概率会增加 2~8 倍,其同胞患该症的风险也类似。通过回顾性分析,本案例中小 B 的爸爸小时候的表现也符合 ADHD 的诊断标准,只是限于当时整体医疗环境较现在落后,以及那会大众对 ADHD 的认识不足,他才没有被确诊及治疗。由于部分 ADHD 患儿的父母中的某一方同时也患有 ADHD,其本身会存在自我控制能力、执行功能欠佳的问题,因此在养育自己的孩子时,他们通常会显得很急躁,容易冲动,喜欢以武力解决问题,亲子关系通常紧张。门诊有时还碰到妈妈带孩子来就诊,在详细询问后发现妈妈在小时候也是如此。而一旦这类父母通过各种途径了解到何为 ADHD 后,他们又比正常发育的父母更快也更能理解自己患有 ADHD 的孩子,也更容易接纳此事。

笔者还想谈一谈 ADHD 的共患病。共患病是指患者存在一种以上的疾病的诊断。ADHD 的共病率达 48.17%,ADHD 易共患对立违抗障碍、品行障碍、广泛性焦虑障碍、抑郁症、双相情感障碍、孤独症、抽动障碍、学习障碍等。ADHD 共病者的社会功能损害更重,仅仅针对 ADHD 单病治

第三章 学龄期常见心理问题

疗，而不诊治其共患病，疗效往往欠佳，且治疗更困难，需要遵循早发现、早诊断、早治疗的原则积极干预。对于 ADHD 及共患病的治疗，单纯针对一类症状的治疗并不能全面地缓解全部症状，建议给予针对两类症状的联合治疗。

【家长建议】

①当家长发现孩子在学校或其他场所容易和别人发生争吵，甚至打架时，当孩子上小学后经常接到老师的电话或者短信时，家长可以带孩子到儿保科或者儿童青少年心理科进行筛查。

②如果家长愿意转变一种方式用来代替责骂、打骂孩子，那么当孩子出现不良的行为的时候，可以试一试暂时隔离法。当孩子出现不良行为时，如冲动、发脾气、有意攻击、打人、辱骂长辈等这些家长认为绝对不应该出现的行为，可以让孩子待在一个隔离的角落，最好是家里的固定场所，单调、无干扰物。隔离的时间，建议按照年龄来设置，1岁1分钟，如隔离时间已到，仍未安静，可延长隔离时间。也可站在特定地方或坐在椅子上，直至规定时间（1岁1分钟）。家长在进行暂时隔离的时候，要事先告知孩子当他出现不良行为时他将被隔离，并且必须遵守隔离的时间。家长切记：不要在隔离时讲道理；建议在不良行为出现后马上使用；在做暂时隔离的时候，务必确保孩子的安全；有的孩子一旦被隔离，就失控得非常严重，可能就并不适合该法。

③因为多数孩子是由妈妈来养育、教育的，因此在孩子出现问题时，家中其他长辈，如爷爷、奶奶、爸爸等，容易将养育"失败"的责任归在妈妈身上。而在诸多解释也无法改变他们的偏见后，有的妈妈就会认为的确是自己没做好，才导致自己的孩子变成如今这样"糟糕"，继而自己倍感压力、内疚、自责，从而可能将压力转换为更为严厉地管教孩子，导致孩子的对立情绪愈来愈明显。而通过医生的解释知道何为 ADHD 后，妈妈可能会顿时感到自己的压力轻好多，终于不用"背锅"了；反之亦然。养育从来都不是一个人的事情，需要家长双方通过协商、磨合，形成一个相对一致的养育理念，然后传达给孩子。

④家中有长辈帮忙带孩子的家庭，或者与长辈共同居住的家庭，由于养育理念的差异，也会对养育孩子造成困扰，有的是过于宠爱孙辈，有的则是过于严格，中间还夹杂各种诸如婆媳、翁婿的矛盾。不管是哪一种，对家长来说都是挑战。针对孩子有一个统一的或主导的养育理念应该是最基本的原则了，当然在对 ADHD 的干预过程中，也是鼓励把家中的祖辈拉到统一的战线上，这样或许才能事半功倍。

（汪贝妮）

学习困难的小孩

【案例1】

慧慧，12岁，有一3岁妹妹，小学五年级，长相清秀，个性活泼开朗，跳绳、跑步、画画、跳舞等样样表现好，同学关系好，是学校周会的升旗手。然而，慧慧的学习却是另一番风景，她总是对学习提不起劲，看到一大片文字，脑袋就发晕，一上课就感觉没意思。语文、英语学习方面存在识字、记字双重困难，刚学过的字立马就忘记，错别字连篇，写字经常多一画或少一笔，经常搞混形近的字，如近与进，读课文时经常性地增、减字，写作文困难，书面表达自己的想法非常困难，抄写速度慢。一到考试就没有精神，趴在桌子上不想做题，阅读理解和作文每次都空着一大片不写，问其原因只说不知道怎么写。每次一到上语文课就不认真做笔记，数学也存在着逻辑问题。上课注意力不太集中，容易分神。做笔记速度很慢，跟不上老师的进度。父母文化水平较低，对其学习没要求，通常只是催促其完成作业并签名，并不检查，成绩好坏也不管。有时同学嘲笑其成绩差，慧慧不理睬也不生气，但回避讨论学习相关的事情。

【案例2】

军军，独生子，11周岁，小学四年级在读，健康状况良好，个性内

第三章 学龄期常见心理问题

向、自卑，父母均本科毕业。军军的学习和生活习惯不好，有时穿衣服会里外或前后穿错，生活中经常丢三落四，找不到东西，做事情三分钟热度，喜欢半途而废。

父母对军军的学习抓得很紧。军军小学一二年级时，上课时常发呆、玩文具盒等，做作业拖拉，父母时常在管教其写作业时失控打骂（一方面，稍不盯着便发呆、玩文具；另一方面，经常看错题目，抄写错误多，写字东倒西歪等），事后父母常常自责内疚。三年级始便请家教一对一教。但近 2 年来，军军越来越讨厌学习，上课不听讲，时刻需老师提醒，无法按时完成作业，家教老师一对一讲题时，时常走神，对同一个问题讲解多遍仍听不明白、记不住。为此，军军在家没少挨骂挨打，在校老师也经常将其作为典型批评，同学经常嘲笑他。逐渐地，军军变得胆子越来越小，哪怕文娱活动都不敢尝试，说话唯唯诺诺的。父母曾带军军到医院检查智力，结果显示：IQ 100 分。

父母及家教老师反映军军的学习情况如下：语文方面，学拼音时，时常分不清"b"与"d"、"p"与"q"，即使现在仍时有混淆，后期识字时，常只记半边，同音字、形近字混淆明显，头一天听写过、订正过的字词，第二天仍能错一大半，看课文，常看了后面，忘了前面，无法理解整段话的意思；数学方面，时常出现家人匪夷所思的错误，如 $478+215=27$、$68-5=13$，前者是把加法问题中所有的数都加在一起（$4+7+8+2+1+5=27$），后者是用被减数的每个数与减数相减，学了乘法、除法后，便忘了加法、减法，应用题乱做（问其则解释，不知道要干什么，只能乱做）。

【分析】

上述 2 个孩子都有学习困难，但似乎对孩子心理的影响却完全不同。慧慧尽管学习不理想，但其他方面表现优秀，有回避学习，但未出现自卑，自我价值感认定并非全是否定。老师头疼其学习，但仍让其做升旗手；父母不关注其学习，但未因其学习而责难她；尽管偶有同学嘲笑，但慧慧能做到置之不理。军军则没有那么幸运了，自幼父母便感觉其生活习惯不好，批评不少。读书以来，注意力不集中，小动作多，识记拼音、汉

· 61 ·

字困难不断，文字语句理解困难，计算规则习得困难，书写凌乱。父母重视学习的同时难以自控地打骂孩子，老师不认可，同学嘲笑。校内外生态成长环境的恶劣，让军军全面否定自己，因而越发自卑、胆怯，厌学情绪油然而生。可想而知，军军将会进入如下恶性循环：表现差—被否定—自卑、回避—表现更差—更多否定—表现越来越差、害怕一切尝试—自我价值感丧失、抑郁消极……

【知识点】

学习困难是一种现象，背后的原因却不止一种。确切地说，学习困难是指由各种原因，如智力低下、学习兴趣不足、特殊发育障碍等，所引起的学业失败的统称。影响因素包括智力与非智力因素，不少研究表明，智力因素是决定学习成绩的重要因素，那非智力因素有哪些呢？

1. 注意缺陷多动障碍

注意缺陷多动障碍就是大家熟知的多动症了。多动症，却并非只表现为多动，还有粗心马虎、容易发呆走神、做事缺乏坚持性、东西乱放、丢三落四、跟其说话时心不在焉、前说后忘、精力充沛、话多、爱插嘴、缺乏耐心、遇到困难挫折时易放弃、情绪波动大、易招惹小伙伴、言行幼稚、动作欠协调等或这样或那样的一些表现。

注意缺陷多动障碍，主要表现为与年龄不相称的注意力易分散、注意力持续时间短暂、注意广度缩小、不分场合的活动过多、情绪易冲动等，可能严重影响孩子的学习成绩、心理发育及社会适应性等。谈到注意力不集中、注意力持续时间短暂，很多父母会说了："我们家孩子在搭乐高、看电视时能专注很长时间，唯独学习时不行，所以我觉得是学习态度问题。"这里所说的注意力不集中，准确来说是随意注意。孩子在做自己喜欢做的事情时，对随意注意要求低，主要靠非随意注意。所以，父母看到孩子对有些事情（喜欢的事）注意力非常集中，对有些事情（谈不上喜欢）注意力则表现糟糕。

第三章 学龄期常见心理问题

（1）不随意注意

不随意注意，也称无意注意，是指没有预定目的，也不要意志努力的注意，是一种被动注意，人的积极性水平较低（注意的引起与维持不是依靠意志的努力，而是取决于刺激物本身的性质）。影响因素：①刺激物本身的特点，包括刺激物的新异性（是刺激物异乎寻常的特征，这是引起不随意注意的最主要原因）、强度、运动变化及刺激物之间对比关系等。②个体本身的状态（如需要、情绪状态、兴趣、过去经验等）。在相同的外界刺激的影响下，由于个人的需要、兴趣、爱好和期待的不同，不随意注意的情况也不同。

（2）随意注意

随意注意，也称有意注意，是指有预定目的，并需要一定意志努力的注意，是注意的一种积极、主动的形式，只有人才有随意注意。影响因素：①对注意目的与任务的依从性（目的越具体、明确，随意注意越易于被引起和维持）。②对兴趣的依从性（有趣的事物容易引起随意注意，在其产生中，间接兴趣有重要作用）。③对活动组织的依存性（良好的个人学习习惯、规律性起居等有助于组织自己的随意注意，让自己在规定的学习时间全身心学习）。④对过去经验的依存性（人对熟悉的事物和活动可以自动进行加工和操作，不用特别集中注意）。⑤对人格的依存性（随意注意也叫意志的注意，一个具有顽强、坚毅性格特点的人，易于使自己的注意服从于当前的目的或任务）。

在临床实践中，学习困难往往是注意缺陷多动障碍患儿到医院就诊的重要原因，且会贯穿他们整个成长阶段。除了注意力不集中会影响注意缺陷多动障碍患儿的学习表现，执行功能受损也会导致注意缺陷多动障碍患儿学习记忆、行为抑制、计算流畅性、数学问题解决能力、阅读理解能力、词语辨析能力等均差于普通儿童。注意缺陷多动障碍易共患学习障碍，二者共患率达45.1%，与计算障碍、阅读障碍的共患率分别为5%~30%、15%~40%。

2. 学习障碍

学习障碍是指在听、说、读、写、推理或数学能力的获得和运用方面表现出显著困难的一组异质性障碍的总称。确切病因尚不明确，但目前一致认为是遗传和环境等因素交互作用，影响了大脑有效、准确地感知或加工言语或非言语信息，从而导致的中枢神经系统发育障碍。学龄期孩子因学习障碍而伴发学习成绩差、自卑、同伴及亲子关系受损等，进而全面影响身心健康发展。

（1）发展性阅读障碍

发展性阅读障碍是指学龄期孩子智力正常，生活环境和教育条件等方面与其他孩子没有差异，且无明显的视、听、神经系统障碍，但阅读能力明显落后于同龄孩子，处于阅读困难中。学龄期孩子的发展性阅读障碍发生率为 5%~10%，是一种最常见的学习障碍。

（2）发展性计算障碍

发展性计算障碍是指学龄期孩子智力正常，生活环境和教育条件与其他同龄孩子无差异，感觉技能、言语能力等均无明显的受损，但在处理数字信息、学习数学事实、准确或流畅计算方面存在问题。学龄期孩子的发展性计算障碍发生率约为 5%~6%。

（3）发展性书写障碍

发展性书写障碍是指学龄期孩子的书写技能落后于同年龄（或年级）孩子，且书写困难影响了其日常的学校学习活动，进而导致其学业成绩显著落后。可分为：①动作型书写障碍。具有不协调和失用两个主要特征。不协调型书写障碍是指在抄写、听写和自发作文方面有困难，书写速度慢。②视空型书写障碍。主要特点是视觉空间障碍，孩子在书写上有困难，具体表现为书写部位的定向障碍，即写出的字笔画正确，但位置错误，如笔画移位、偏旁分离、字距或行距过大、字或行倾斜、在纸张的一角或一边集中书写等。有的孩子还表现为写出的文字左右逆转，有部分镜像和完全镜像两种。③语言型书写障碍。这种类型的书写障碍表现为语言产生和理解困难、词汇使用困难、拼写困难和语法困难等。主要包括：构字障碍，表现为书写字形结构的各种缺陷，如笔画、偏旁的遗漏、添加或部分替代，甚至创造新字；字词错写，表现为书写字形结构正确，但非任务所要求的字，分为形近替代、同音替代、近音替代、近义替代、反义替代和无关替代等；语法错误，表现为选词不当、组句不能和语序混乱。

3. 学习兴趣不足

孩子学习兴趣不足可表现为无内在的学习需要，或者有学习需要，但屡遭失败而失去对学习的兴趣。学习兴趣不足，自然会伴发学习困难。

4. 知识消极情绪

知识情绪体验性表征是指在知识表征与提取应用过程时相应的情绪状态与知识建立的某种表征形式。例如，在母爱呵护下长大的孩子，当在阅读时或其他场景下遇到"母亲"一词时，会感受到一种温馨、亲切感觉；而如果是在母亲的虐待中成长的孩子，当阅读到"母亲"一词时，伴随的是一种焦虑、恐惧的感觉，可能还会有一点点恨的情绪。知识消极情绪孩子在知识提取时，往往伴随负面的情绪体验。这类孩子在学习过程中，因多次失败，招致父母的打骂，学习中体验到的尽是一些消极情绪。其在这种情绪状态下学习新知识内容，容易导致习得的知识与父母责备后的消极情绪形成反射性联系，久而久之，这类孩子便形成了某种潜意识的消极心理结构，就像强迫症、恐惧症一样，顽固地限制着他们的学习行为。

【家长建议】

1. 早期发现特殊发育障碍（注意缺陷多动障碍和学习障碍）

注意缺陷多动障碍和学习障碍均属于常见的具有生物学起源的神经系统发育障碍，确切病因尚不明确，目前一致认为是由遗传和环境等因素交互作用引起，早期干预能明显改善预后。3岁左右便呈现出与健康同龄人不同的发育轨道，早期识别尤为重要。

(1) 注意缺陷多动障碍

目前认为注意缺陷多动障碍是发生在胚胎期和婴儿早期的由复杂的遗传因素与多种不利环境因素协同作用的结果。因此，应对具有高危因素的孩子进行监测和早期识别，从年龄及病程上做到早发现、早诊断。

1) 重点监测人群

①具有遗传易感性的高危儿：有患注意缺陷多动障碍的兄弟姐妹、父母或其他亲属。

②具有环境易感性的高危儿：母亲孕期和围生期直接或间接吸烟、饮酒、感染、中毒、营养不良、服药、产前应激，胎儿宫内窘迫、出生时脑损伤、出生窒息、低出生体重等；铅暴露、双酚 A 等环境暴露；长期摄入加工肉类、比萨、零食、动物脂肪、氢化脂肪和盐等；父母关系不良、父母情绪不稳及教育方式不当（如消极、挑剔和严厉）。

2) 早期行为症状表现

约 2/3 的注意缺陷多动障碍患儿发病于学龄前，这类孩子母亲孕期胎动特别明显，婴幼期表现为难养气质或启动缓慢类型。例如，好动、脾气大、易怒、易兴奋、易哭闹、难安抚；喂养困难，睡眠少而不规律；经常刚会走，就要跑，以跑代步；外伤、意外事故多。入读幼儿园后，与同龄人相比，精力旺盛、多动不宁、自控力差、干事难以坚持、情绪不稳定、伙伴关系差、自尊心低下。

(2) 学习障碍

早期学习障碍主要表现在语言领域。

①学龄前孩子可表现为对语言发音游戏（如重复、押韵）缺乏兴趣，学习讲话、字母、押韵可能存在困难，常常使用婴儿方式讲话、发错单词音，说话较迟，开始说话时常省略辅音，语句里少用关系词。可能认不出自己名字中的字母。幼儿园孩子多表现为不能认识和书写字母，不能写自己的名字或可能自创拼写，不能识别押韵的词，不能把字母与发音联系起来，发音不正确，不能理解词的发音之间的差异或区分发音相近的词，说出人的名字及物体的名称困难，不能准确地使用与年龄相当的复杂的词汇来表达，不能识别并记住拼音或字。而在数学学习中可能在以下几个方面

存在困难：理解数字的含义（数感）、星期几，把物体按照大小、形状和颜色排序，运用更小/更大、更高/更矮的概念进行比较，学数数，认识数字，把数字和数量匹配。同时，难以按照逻辑组织事情，例如，难以把圆和方的东西进行分类。也可能存在协调运动困难、精细动作笨拙。

②低年级孩子可能在识别和使用音素时仍然有问题，不能读常见的单音节词，难以识别并记住字、词，不能识别常见的不规则拼写词，不能准确分析生词，把发音与字母联系起来存在困难，不能区别形近字，难以学习并记住新字、词，常回避阅读。

2. 规范干预特殊发育障碍（注意缺陷多动障碍和学习障碍）

（1）注意缺陷多动障碍

尚无充足证据支持诊断或治疗 4 岁以下孩子注意缺陷多动障碍。若 4 岁以下孩子存在注意缺陷多动障碍症状且合并实质性损害，建议其家长接受行为管理培训。4~6 岁注意缺陷多动障碍患儿首选非药物治疗。6 岁以后采用药物治疗和非药物治疗相结合的综合治疗，以帮助患儿以较低用药剂量达到最佳疗效。

（2）学习障碍

早期识别和治疗很重要，8 岁及 8 岁前学习障碍的孩子更可能有改善。有学者对早期干预的研究进行综述后发现，一年级时干预，可使其预计发生率从 12%~18% 降至 1.6%~6%。当干预延迟至三年级或 9 岁时，约 74% 的孩子学习困难将持续至高中。应在个体化评估后制订详细的综合干预计划，包括常规教学及特殊教育，特殊教育包括特定技能教育、发展代偿性策略、发展自我支持技能、特殊的适当调整等。

3. 学习兴趣的培养

爱因斯坦有句名言：兴趣是最好的老师。当然兴趣的培养，绝非一件简单的活儿。首先，学习内容应与孩子认知发育水平相当，超出其认知发育水平，容易望而却步，低于其认知发育水平，则容易滋生无聊体验，"最近发展区"的学习能更好地激发学习成就体验，因而心理学家也戏称

"最近发展区的学习才是真正的学习"。其次，家长及老师鼓励肯定得当，能激发积极学习情绪体验，增进学习动力。

4. 调整家庭教养方式

学习困难的家庭在进行亲子沟通时，家长话语往往伴有敌意和不满，语气常带否定、不接纳的味道，不自主地引发愤怒、拒绝和失望的负面情绪。这不但直接影响亲子关系，还会促使孩子恐惧害怕家长，继而减弱孩子学习的兴趣和积极性，加重学习过程中的焦虑情绪。叶克斯－道得生定律告诉我们，作业效率与激励水平存在着相关的关系，前者先随着后者的升高而提高，达到最佳水平后，又随后者的升高而降低，即二者之间的关系呈倒 U 形曲线：激励水平过高、过低时的效率都很低，中等激励水平时的效率最高。因此，家长应根据自家孩子的实际发育情况，建立适当的期望值，让孩子不至于过分"鸡娃""内卷"，也不会被逼着"躺平"。

（程芳）

妈妈眼里的问题男孩

【案例】

小亮，男，14 岁，初二学生，个性外向、活泼，自幼由祖父母及父母共同养育。1 岁走路，2 岁开口说话，词汇量增加比同龄人慢，父母感觉其说话时不直视对方，说话常有"小大人"语气。幼儿园小班时便能识记很多汉字及运用两位数的加减乘除（父母及老师均未教过，均由自己看电视学来），家人、老师均感觉小亮是天才。但老师也发现，其他小朋友都不喜欢小亮。仔细观察后发现，小亮也想跟小朋友玩，但方式总是不恰当。例如，小朋友玩躲猫猫游戏时，小亮想加入的方式是堵住小朋友，不让其躲起来。幼儿园期间，老师了解到小亮的个性特质后，常常引导其他小朋友包容小亮。

第三章 学龄期常见心理问题

进入小学后，小亮就没这么幸运了。因为时常与同学发生冲突并被其他家长投诉，小学前2年都是妈妈陪读，妈妈陪读期间不断引导小亮在校如何与同学互动。可喜的是，三年级后小亮渐渐能适应在校生活了（与同学冲突偶发，但持续玩在一块的同学仅一个同桌）。然而，有时仍会有奇怪的行为。例如，一次看到同学在地上爬着玩，小亮也跟样在地上爬，听到班主任声音后，其他同学立马坐回原位，但小亮仍在地上爬，经班主任提醒后，小亮仍坚持爬完一圈再起来。在学习成绩方面，数学（基本满分）、英语成绩优秀，语文成绩一般，跳绳等体育运动略显笨拙。

初一以来，因为小亮书面语用得多，例如，与同学聊天时很少说爸爸、妈妈，基本用父亲、母亲，部分同学给其取绰号"书呆子"，小亮认为这些同学是坏同学，便不理睬。一次同桌请教他数学题时，开玩笑说："你是外星人吗？这么难的题目也会。"小亮立马摔砸课本回怼同桌。自此，同桌在他面前说话变得小心翼翼。一学年下来，同学感觉他很怪，逐渐回避他。有时大家聊得正开心时，小亮一靠近，大家要么安静，要么散开。小亮觉得同学歧视自己，在校很孤独、不开心。有时课堂上，老师讲解题目，小亮觉得解题步骤烦琐便会立马站起来指出，老师让其坐下，小亮仍会不依不饶地说："你的方法不好，应该虚心接受我的指正。"往往让老师哭笑不得。

尽管一直以来，父母知道小亮与其他同龄人不一样，也有意引导，但小亮还是有很多问题。例如，与家人能对视，但与其他人说话时，仍不对视；做事不考虑别人的感受；很少谈自己的内心感受或体验；情商低，不会察言观色，总会做出一些常人想不到的奇葩事；养不亲，父母及祖父母生病住院，小亮仿佛外人一般不闻不问；遇事不会变通，即使被打骂也不低头。

【分析】

美剧《生活大爆炸》及其延伸篇《小谢尔顿》中谢尔顿的那些搞笑段子你一定没少乐吧？剧中谢尔顿超高智商和超低情商有没有让你感到好奇，这不就是"白痴天才"吗？虽然小亮没有谢尔顿那么天才，但似乎小亮身上也有点谢尔顿的影子。

小亮自幼的生长发育轨迹便与同龄人不同：言语发育迟缓；"小大人"似的说话语气及聊天使用书面语；回避眼神对视；发起及维持同伴互动能力差；察言观色及因情境调整自身行为能力弱；情感分享能力差；亲情依恋感缺乏；固执且不会变通；机械记忆及数学思维强等。这些问题行为似乎一直以来都有，只是不同阶段的表现形式不同，且没有既往发育正常但某个时间点后逐步糟糕的现象，所以应该考虑小亮存在发育问题。

导致小谢尔顿和小亮那些难以理解的问题行为的罪魁祸首是 Asperger 综合征。

【知识点】

Asperger 综合征（AS）最早由奥地利精神病学家 Hans Asperger 于 1944 年提出，1981 年英国儿童精神病学家 Lorna Wing 通过描述该障碍的临床特征，将其命名为 Asperger 综合征，目前美国精神疾病诊断标准（DSM-5）和国际疾病分类（ICD-11）将其列为高功能孤独谱系障碍。AS 的主要特征为社会交往障碍、交流方面质的损害及重复或刻板行为，患者一般没有明显的语言和认知方面的滞后或障碍，但却具有非语言交流障碍。AS 患者有交往意愿，但苦于交往方式不得当而常常被孤立、排挤。

1. 社会交往障碍

这类人群愿意与人交往，喜欢与同伴玩耍，但是往往缺乏交往技巧，不理解面部表情、肢体动作等非语言表达的信息，采用的交往方式刻板、生硬、程式化，因此难以形成和维持良好的人际关系，不能发展友谊，不能灵活应对各种不同的情景，常被同伴孤立。典型的孤独谱系障碍人群似乎对周围人不感兴趣，不主动与同伴建立联系，但 AS 患者常渴望，甚至竭尽全力想与他人建立联系，却缺乏社交技巧。有些年幼的 AS 患者倾向与年长的人相处，而有些青少年 AS 患者倾向与比自己年幼的人相处（可能因能被非同龄人接纳）。

2. 语言交流困难

尽管这类人群语言发育正常、表达流畅，但是使用语言来进行沟通的能力差，在交谈过程中察言观色的能力差，不关注对方的反应，不管所谈内容对方是否感兴趣，也不顾忌对方的感受。交谈中使用较多的书面语言，咬文嚼字，特殊的音调、声调和节律的话语，常常给人以古板、生硬、夸张的感觉。对于对方的谈话，只能理解简短、清晰明了的语句，难以领会幽默、隐喻、双关意义的语句。

3. 行为模式刻板、仪式化，兴趣爱好局限、特殊

行为模式刻板、仪式化表现为固执地保持日常活动的程序。例如，上学必须走相同的路线，当天的课程有变动、交通堵塞耽误了时间等均会使患者感到烦躁。有的 AS 患者每天吃同样的饭菜，在固定的时间和地点大小便，定时上床睡觉，只用同样的被子和枕头，入睡时必须用一个手帕盖住眼睛等。一旦这些行为活动程序被改变，他们就会表现出焦虑不安、烦躁。常常有某些特殊的爱好和收藏，如记忆火车时刻表、彩票获奖者、名山或大厦的高度及收藏电话卡，显得比较奇怪。应当利用患者的这些兴趣爱好，让他们成年后从事相关的职业或研究。

4. 笨拙的运动

除了以上所提到的诊断依据外，还有一个症状是作为 AS 的相关表现而非诊断依据，即运动发育延迟和运动笨拙。AS 患者可能会有运动技能发展落后的个人史。例如，比同龄人更晚学会骑自行车、接球、开罐头等。通常他们是不灵活的，步态僵化、姿势古怪、操作技能差，在视觉－运动协调能力方面有显著缺陷。

由于 AS 患者在发育早期并无突出的语言或认知功能障碍，且尚未表现出符合诊断标准的突出的行为特征，因此 AS 患者一般在 3～4 岁，甚至到 11 岁或更大年龄，才被父母注意而就医诊断。但是，这并不意味着在发育早期（3 岁以前）难以发现相关的疾病征象。研究者发现，AS 患者在早

期会表现出一些除核心症状之外的但并非特异性的行为，对某些事物局限而异常的专注是最常见或者最早被发现的行为，专注的性质、时间和强度都能反映 AS 的可能性。有研究发现，AS 患者较多表现出发育性大头围，即出生时头围属正常范围，大约 16 个月之后出现发育性大头围，这说明 16 个月之后大头围异常可以作为 AS 可能性的参考性指标之一。临床医生应该对 AS 的辅助性表现保持敏感性，如动作发育不协调、感觉或睡眠异常等，这有助于对 AS 的早期诊断。AS 主要症状的初期表现有缺乏社会互动或共同注意。

心理学界普遍认为心理理论的发展有助于孩子理解行为意图、进行行为调控、理解人际互动中的言语信息和非言语信息，因此心理理论发展的某种障碍可能与 AS 持久的社交障碍存在着某种联系。有研究发现，AS 患儿基本上能辨认哭泣等基本表情，但可能对复杂表情的提取存在障碍。另外，7 岁以上有 31%～37% 无语言发育落后的 AS 患儿无法通过经典错误信念测试，这表示他们在理解他人错误信念方面存在缺陷，难以站在他人角度观察事物，这似乎可以印证 AS 患儿在社交互动中表现出来的自我中心倾向。但是，尚有 63%～69% 的 AS 患儿仍然能够通过经典错误信念测试，这提醒我们 AS 患儿在个体发展的过程中，推断他人心态等社会技能也在不断积累和发展，存在逐步康复的可能性。

【家长建议】

朱德庸的成长故事《我想抱一抱小时候的自己》在微信朋友圈里被疯狂转发。在此之前，没有人知道这样一位漫画天才居然有 AS，就连朱德庸自己也直到 53 岁时才知道。朱先生这样写道："从那一刻起，我原谅了自己……老实说，不管 AS 多不好，至少它取代了蠢。如果有时光机器让我回到小时候，我只想抱一抱小时候的我。"

朱先生的体验告诉家长，AS 患儿成长中的不被理解、不被包容会给他们带来多大的伤害。家长首先要了解到，AS 患儿的发育轨迹不同于同龄人，理解、包容和支持必须先行。家长、老师、医务人员的互相沟通可大大增进对 AS 的理解。在理解的基础上，家长和老师在教育态度和方法上的反思与改变有时可以起到化腐朽为神奇的功效。例如，对孩子问题行为的角色扮演游戏、问题行为（录像）分析或正确行为示范表演等，可以一定程度上指导孩子的人际交流技巧，减少孩子在学校的外向性破坏行为；对孩子良好行为的及时、恰当的奖励和对问题行为的温和、恰当的惩罚（不包括打骂）可以明显改变孩子的在校表现；家长和老师在发出指令时，给予AS患儿更多的选择权或多一点商量的口吻可以明显缓解孩子的对立违拗状态，同时使孩子变得更加灵活而不固执和刻板。

众多证据表明，很多AS患儿成年后从事的就是与儿时特别能力有关的工作，且有时非常优秀。因此，应敏感地发现孩子的特殊能力，给予一定的关注，并适当培养。更重要的是，将孩子的特别能力转移到更加广泛的学科和领域中去，这样就可以在一定程度上促进孩子的全面发展。如果转移不成功，依然要理解和容忍，强迫性学习的效果常适得其反。

研究显示，AS患儿的家庭动力学特征为：家庭气氛方面，较正常儿童的沉闷；疾病观念方面，家长更倾向于认为自己是"完全的受害者"。在面对孩子的状况时，处于消极心态的家长的亲职压力加大，亲子互动失调，养育失当，夫妻关系面临危机，婚姻满意度下降，同时家长有可能罹患身心疾病，家庭甚至出现社会隔离。而积极心态的家长能够接受困难和孩子现状，养育适当，积极寻求家庭内的支持与帮助，并主动寻求社会支持，亲子层面出现良性互动，夫妻关系得到维护，婚姻满意度增加。所以，AS患儿的家长应该采用积极心态来养育特别而并非病态的AS患儿。

（程芳）

总是眨眼睛的小C

【案例】

小C和爸爸、妈妈、奶奶一起走进来。小C长得非常清秀、干净，眼神透亮，却一直皱着眉头。妈妈反映，小C自从上了一年级就逐渐开始出现一些行为，如写作业时反复涂改、书包一定要按从大到小的顺序整理、几乎每晚睡前都要检查门窗。小 C 爸爸说自己也有这个习惯，可能小 C 受到了自己的影响。如果有同学不小心碰到了小 C，小 C 就一定要还回去，也要碰同学一下，甚至好几天后都还记得这个事。出家门时要来回跨进跨出，一定要跨到自己满意为止。同时，小 C 开始出现不自主地眨眼睛、皱鼻子、摇头、努嘴等动作，有时还不自主地发出清喉咙的声音，或发出"嗯"的声音，紧张时更频繁，睡觉的时候这些行为都没有了。小 C 告诉医生这些不由自主的动作的部位会变化，有时是头、肩、躯干，有时是肚皮。这种情况一直持续到四年级，有时同学会拿这事和小 C 开玩笑，甚至嘲笑他。小 C 与同学发生争吵、打架的次数比以前多了，老师告诉父母后，有时妈妈会责骂小 C，甚至打小 C，小 C 说自己讨厌家和学校。

小 C 是独生子，自幼由妈妈全职养育。小 C 从小一直和父母一起睡，11 岁开始与父母分床但未分房，从小喜欢啃咬手指甲。奶奶也和他们一起住，奶奶对小 C 期望很高，基本上每天都会把小 C 喊到房间，教一点数学或语文知识。爸爸工作忙，平时陪伴少，对小 C 要求较严格。有一次小 C 不小心用石头弄伤一位男生头部，被爸爸当众狠狠打了一顿，小 C 也比较害怕爸爸。妈妈和奶奶就如何养育小 C 有不同的意见，为此争吵较多。有一次，妈妈和奶奶因为小 C 随堂小测试的成绩下降而发生争吵，奶奶说是妈妈养育失败了，对着小 C 说你已经是差学生了。小 C 感到很难过和自责，认为是自己的原因让妈妈和奶奶争吵，甚至用头去撞墙。这次来看医生，还是小 C 自己觉得有问题了，主动要求家人带自己过来的。

【分析】

小 C 的行为症状在医学上叫抽动障碍（tic disorder，TD），同时合并有强迫性障碍（obsessive compulsive disorder，OCD）。这两种疾病都多见于男孩。小 C 从小被家人寄予厚望，小 C 压力非常大，焦虑的时候会通过啃咬手指来缓解情绪。几乎每晚奶奶都会把做完学校作业的小 C 喊到自己房里"加课"。奶奶的出发点一定是好的，结果事与愿违，这样久了以后，小 C 会觉得自己做完了学校作业，一定会有奶奶的"加课"等着自己，可能会

第三章 学龄期常见心理问题

不敢那么高效完成学校的作业了,以至于小 C 生出"我不想回家"的念头。

案例中的小 C 本身具有抽动障碍、强迫性障碍的遗传易感性。在上小学后,随着学业压力的增大,家人或有意或无形给小 C 施加了压力,小 C 开始表现出眨眼睛、耸鼻子这些不自主的抽动症状。然而这些症状出现后,家人会认为他是故意这样,不断责怪孩子。学校中,同学也取笑他,小 C 也觉得无法控制自己,自信心下降,而这样又增加了抽动的症状。在临床上,抽动障碍伴发强迫性障碍较为多见,就像案例中的小 C,同时出现了抽动症状和强迫症状。共患疾病会造成更大的损害,同时治疗的难度也比单一疾病大,在治疗中也要考虑共患病的治疗方案,避免治好了疾病 A,却导致疾病 B 加剧的情形。

现代社会中存在两种现象,分别是丧偶式育儿和诈尸式育儿。丧偶式育儿指的是妈妈承担着大部分的养育工作,而爸爸全身心投入在职场上,早出晚归,见面就是吃晚饭,家里还有食不言寝不语的规矩,亲子间交流太少了,陪伴孩子和妻子的时间太少。诈尸式育儿指的是爸爸有时候看不惯孩子的某句话或某个行为,在不了解前因后果的情况下,武断地指责孩子,甚至把孩子暴打一顿了事。例如,在妈妈实在被孩子气得快要爆炸了的时候,爸爸看见孩子顶撞妈妈,上去简单了解事情经过后把孩子打了一顿,然后孩子特别记恨爸爸,再也不喊爸爸了。

关于隔代育儿那就是各有各的道理了。奶奶或外婆认为孩子不吃饭怎么能行呢?饿坏了肚子可怎么办?于是,吃饭的时候追着孩子喂。而父母认为孩子一顿不吃没什么关系,饿了自然会吃,不惯着孩子,中午饭不吃,下午零食也收起来,等到了晚饭,孩子自己就扒着碗狼吞虎咽了。两代人都是为了让孩子更好地成长,多数家庭也会有争吵,但也能够自己找到平衡点,形成相对统一的育儿理念。然而,当养育理念差异太大,并且双方又不肯协商退步时,往往最后承受压力的就是孩子。

当孩子出现不自主的抽动症状时,医生需要进行鉴别。首先,需追溯孩子有无风湿性感染所致的小舞蹈症,该症多以舞蹈样异常运动为特征,常以单侧为主,没有发声抽动,化验提示风湿性感染,抗风湿治疗有效。

其次,还要观察孩子在抽动时有没有失去意识,脑电图检查有无异常,有无癫痫病史,对于该症抗痉挛治疗有效。最后,还要询问孩子是否服用可能引起不自主运动、肌张力增加的药物,一般停药后症状可消失。

【知识点】

抽动障碍是一种起病于儿童时期和青少年时期,以不随意的突发、快速、重复、非节律性、刻板的单一或多部位肌肉运动或(和)发声抽动为特点的一种复杂的慢性神经精神障碍,多见于男孩。

强迫性障碍主要表现为强迫思维和强迫行为,强迫思维是指反复出现一些不必要的念头,强迫行为是指反复出现的一些动作和行为,并且努力对抗无果,患者为此感到焦虑和痛苦。儿童期男孩的患病率大于女孩,青少年期男女生的患病率相当。

抽动障碍的抽动通常以眼部、面部或头部的运动抽动为首发症状,抽动具有不可克制的体验,但可在短时间内受意志控制。抽动症状有紧张、激动或疲劳时加重而睡眠时消失的特点,因此面临期中考试、期末考试、中考、高考这些人生关键阶段的考试时,抽动症状会有所加重。有时候抽动在一天、几周或几个月里减弱或加重也很常见。抽动障碍可能会让人不自信,让人感觉形象受损,导致家庭生活和学习、工作表现受损,以及新的环境适应困难。孩子可能刚在小学阶段适应了,同学、老师都接纳了,然而到了初中或者高中,孩子又开始面临新的同学、老师,需要再次努力调整状态适应。

目前我国临床上常用的3种权威的诊断标准在抽动障碍上的诊断与分类是一致的,根据发病年龄、临床表现、病程长短和是否伴有发声,抽动障碍分为3种类型:短暂性抽动障碍,一般不超过1年,一般不会造成严重后果;慢性运动性或发声性抽动障碍,其症状相对保持不变,持续数年甚至终身,儿童期出现,在青春期后期有所缓解,成年后表现的可能是慢性运动性或发声性抽动的残留症状;发声和多种运动联合抽动障碍(tourette syndrome, TS),又叫抽动秽语综合征,这是一种慢性的神经精神障碍性疾病,会不同程度地干扰孩子的身心发展,影响孩子的社会适应能

第三章 学龄期常见心理问题

力,甚至迁延致残。在3种类型中,TS最复杂、最严重,诊断和治疗最困难,通常在青春期前出现,一般先有运动抽动,抽动形式多样,涉及多个部位,到了成年期有些人的症状有所减轻。

TS发病机制复杂,可能是遗传与非遗传因素共同作用所致,具有明显的遗传易感性、家族聚集现象,有典型的心理成熟因素与年龄相关的症状表达的特点。TS的性别差异显著,应激与症状的严重程度正相关。

抽动障碍常共患其他疾病,如强迫性障碍、注意缺陷多动障碍、抑郁障碍、焦虑障碍、偏头痛、睡眠障碍、伴自伤行为等。共患疾病造成的痛苦程度和损害更大,制定治疗方案时需考虑共患病的治疗,避免治好了A却导致B加剧的情形。

抽动障碍的治疗应以综合治疗为主,常用的药物有阿立哌唑、硫必利、可乐定和胍法辛。在药物治疗时有一些原则:起始剂量尽量小;保持最低有效剂量;最小程度合并用药;加药或减药时,每次仅调整一种药物;缓慢减药,防止症状反弹。心理治疗以支持及对孩子和父母的疾病宣教为主,最好能在学校开展一些科普讲座,增加师生对此的了解,使他们能更接纳这样的孩子。

【家长建议】

①在平时的观察中,家长如果发现自己的孩子有不自主眨眼睛、耸鼻子、摇头、耸肩等动作,并且孩子无法控制自己,请先带孩子到儿童保健科或者儿童青少年精神心理科就诊,通过专科医生的评估来鉴别孩子是否患有抽动障碍。

②如果孩子已被专科医生确诊为抽动障碍,家长肯定会迫切地想要知道如何去治疗。建议家长先通过一些科普、权威的平台了解这个疾病。大多数家长在了解后会很快调整养育方式,合理期望孩子,为孩子创造一个积极、健康、少压力、少劳累的学习和生活环境。

③除了和专科医生一起为孩子制定个性化的治疗方案外,还可以引导孩子对自己的抽动症状有一定了解和认识。家长可以幽默轻松的方式去和孩子沟通,可试着以角色扮演的方式教会孩子在面对不友好的质疑甚至嘲

笑时如何应对，保护孩子的自尊心、自信心。

④如果是隔代养育，当发生养育方式冲突时，应先把两代人的养育目的统一。大家都是为了让孩子更好地成长，将来更好地独立进入社会。然后，互相理解和包容对方的养育方式。祖辈可以通过电视、网络等了解年轻一辈的养育理念和方式，年轻一辈也需多表达对祖辈帮忙带孩子的感谢。有的祖辈是离开自己熟悉的老家，来到子女所生活的城市帮忙带孙辈，也算是某种意义上的"背井离乡"了。同时，家庭内部要允许提出不同的方案，每个人带孩子的方式不同，两代人可以坐下来，提出自己的想法，一起商量。需要注意的是，应事先说清家庭会议的规则：不能批评、指责、贬低别人的养育方式，可以相对客观地表达自己的反驳意见。如果真的不能接受对方的养育方式，情绪快要失控时，可以申请离开家庭会议。对于希望祖辈做的事情，可以用请求的语气，而非命令、指责的语气，这么做的话，他们更容易接受一些。

⑤尽量避免丧偶式育儿、诈尸式育儿。爸爸为了养家在外辛苦奔波可以理解，然而陪伴太少可能会让今日辛苦赚的钱在日后以另外的方式多付出去，鼓励爸爸也参与到养育中来。与此同时，妈妈也要避免过度担心爸爸带不好孩子，请允许爸爸在养育、陪伴过程中尝试、犯错，妈妈可以多夸夸爸爸带得好。很多时候，当家长课堂上出现爸爸的身影时，我们都会格外地表扬爸爸来学习育儿知识。

⑥有的时候表面上是养育孩子上出现了问题，然而问题的核心可能还是在夫妻关系变紧张上。如果当孩子和妈妈因某门科目考砸了而发生激烈争吵时，爸爸没有责怪妈妈没把孩子带好或者指责孩子太贪玩导致考试成绩下降，而是以一种幽默诙谐的方式表达："英语没考好，可能是随我这个老爸了吧！绝对不是随妈妈的！"这样可能就会避免一场"大战"，夫妻关系也会更加和睦。

（汪贝妮）

第三章 学龄期常见心理问题

把垃圾当成宝的男孩

【案例】

小成是10岁大的男孩，1个月前妈妈在打扫小成的房间时，发现了一个奇怪的事情：小成的抽屉里满满当当的都是垃圾，有橘子皮、可乐瓶、饼干包装袋等。妈妈推测小成是因为担心大人批评他多吃零食，才偷偷把食品垃圾收藏起来。妈妈向小成保证，一定不会过分批评小成吃零食的行为，同时鼓励他在客厅里吃零食。但一段时间过去后，妈妈还是发现小成的抽屉里有各种各样的垃圾。妈妈在百度上搜索，感觉小成的行为很像收藏癖。

小成是一个比较内向的孩子，读小学三年级，平时比较听话。征求小成的同意后，妈妈在半年前又生了一个女儿，小成也很喜欢妹妹，在妈妈忙碌的时候，会主动帮忙照顾妹妹，这让爸爸、妈妈很欣慰，庆幸自己家没有发生其他二胎家庭发生的孩子之间争风吃醋的问题。

小成的行为是在表达什么感受呢？医生开始询问小成，小成告诉医生，妹妹非常可爱，他很喜欢妹妹，不过妈妈太忙了，又要照顾妹妹，又要管理他的作业，有时管理他作业的时候脾气会不好，不像以前那么温柔了。

【分析】

因为妹妹出生，妈妈照顾小成的时间有所减少，这激发了他内心的不安全感。小成年龄较小，个性偏内向，这让小成难以表达对被关注的需要。另外，小成在父母眼中是个懂事的孩子，在小成思想里，为父母思考、不过多向父母提要求，是一种被鼓励的行为，这种想法和外部鼓励会让小成更不愿意提出自己认为过分的需要。

尽管小成的发育水平、个性和思考方式让小成没有能力直接表达需求，但需求可以通过象征性的行为呈现出来。这个行为的作用是抵抗父母

对他关注减少的丧失体验，通过一些曾经使用过的物品，增加自己存在的感觉，或获得和"过去的我"一直延续着的感觉。

妈妈如果清楚了小成行为的意义，满足他恰当的需求，问题自然可以解决。孩子的收藏行为和成人有所不同，行为和症状更加单一，和心理因素的关系较成人也更加清晰。而且，小成收藏无用物品的症状频度和严重度还不足以达到诊断的标准，因此妈妈不必过度担心。

【知识点】

收藏癖学名囤积障碍，是强迫性障碍的一种特殊类型，表现为持续地难以丢弃物品或与所有物分离，而不管它们的实际价值。一般达到诊断标准的囤积障碍对症状出现的频繁度和影响要有个比较主观的要求，即持续时间必须在半个月以上，每天花费的时间超过1个小时，并且明显影响日常生活。

安全感是人类最基本的需要，说白了就是体验到自己是存在的、自己是完整的感觉。我们为了保持对自我良好的感觉，有两种基本的方式：一种方式是下意识地忘记过去发生在自己身上不好的事情；一种是记住那些带给我们快乐的事情，让自己确认和好的过去的联结。例如，去一个名胜古迹，总要拍照留念。不过几乎所有人在成长过程中要不断经历丧失，如果整合不好丧失的体验，可能就会感觉从前的自己消失了，内心有种空虚的感觉，甚至会出现自己不真实、世界不真实的体验。而有些收藏行为是为了抵御丧失体验，得到自我延续的感觉。有一个女孩天天出差，常常穿梭各地，渐渐有了一种世界不太真实的感觉，后来这个女孩养成了一个习惯，把所有高铁票、飞机登机牌按照日期整整齐齐贴在日记本上，按她的话说是"提供活着的证明"。

【家长建议】

①家庭生育二胎以后，妈妈体内激素水平暂时不平衡，又要承担哺乳及照顾大宝的任务，在生理及心理上的负担都明显加重，需要家庭成员特别是爸爸的支持，这样妈妈才有足够的精力和良好的情绪养育孩子。

②家长需要敏感识别孩子在家庭中或学习时的心理状态，尤其是内向不善表达的孩子，更需要家长积极共情，提供及时的安慰和支持。例如，刚上小学一年级的孩子中，很多会出现在学校里拿同学东西的行为，家长非常担心孩子的不良行为变成习惯，但通常这种行为与道德无关，多数的原因是希望得到老师的关注，尽管这是一个不好的方式。

（张文武）

长期头痛的孩子

【案例】

小新是一名六年级的女孩，与父母生活在一起。小新3个月时，小新的妈妈发现小新的爸爸出轨，从此小新的父母经常吵架，孩子在场的情况下也针锋相对，并且经常动手，小新的妈妈一度焦虑、抑郁。后来，小新的妈妈便将所有的希望都寄托在小新身上，对小新特别严格，给她报很多辅导班，周末基本都被各种辅导兴趣班占用。小新的学习成绩一直不错，偶尔考差时，妈妈便会喋喋不休地唠叨自己有多不容易，并对小新进行严厉批评，甚至打骂。小新的爸爸很少关心孩子，基本不与孩子沟通。有时小新的父母打完架后，妈妈会边哭边跟小新控诉爸爸的种种不是，同时要求小新好好学习，不要走自己的老路。临近上初中，妈妈要求小新进入初中后能被分配到重点班级，因此小新每天完成学校作业后还要完成妈妈布置的额外作业，经常学习到晚上十一二点才能休息。小新为此跟妈妈反复抗议，但是妈妈仍要求孩子坚持。

随着小升初时间的临近，又一次父母爆发激烈的争吵和肢体冲突后，妈妈哭着跟小新说要跟爸爸离婚，小新默默不语。第二天上学时，小新说自己头很痛，没力气，不能去学校。父母很着急，带着小新去医院检查，但是各项检查结果都显示正常。父母便认为小新是在装病，妈妈严厉警告小新，小新反抗并拒绝去学校，爸爸生气地将小新强行拉去学校。慢慢

地，妈妈发现孩子头痛的频率越来越高，在家里还好，只要去学校就经常头痛，请假也越来越多。有时上课上到一半，学校老师就打电话来说孩子头痛不适，后来甚至发展到靠近学校就头痛不适。小新的父母为此很着急，经常讨论孩子出现这样的情况该怎么办，不停地上网查资料，带着小新求医。但是经过多家医院的治疗，小新的情况并无好转，小新的父母无奈，只能帮孩子办理休学，在家休息。

【分析】

小新的症状是典型的学校恐惧症，主要表现为拒绝上学、厌倦上学，其头痛症状是心理问题的躯体化表现。躯体化是孩子表达内心不适与痛苦的无声语言，是孩子在借由躯体表现来表达心理上的问题。在该案例中，小新的父母长期吵架，妈妈对小新学习的过度关注及对小新情感需求的忽视导致小新形成了不安全依恋，缺乏安全感。依恋在焦虑障碍的发展中占有重要角色。小新的妈妈在与爸爸再次吵架后跟小新谈到了离婚的问题，对于大人来说离婚可能是一种选择，但是同样的事情对于孩子的影响程度可能会被无限放大，会加重孩子的焦虑。另外，长期繁重的学习压力让小新苦不堪言。而小新的情绪感受在其成长过程中一直是被忽视和压抑的，这就导致小新长期以来无法表达的情绪只能通过"头痛"这样的躯体化形式表现出来。

而且，在这个躯体化"头痛"的疾病中，小新是"获益"的。在她"生病"后，她就可以不再面对高压的让人窒息的学习，同时父母的吵架变少了，父母更关注自己了。从心理学角度来说，很多疾病症状的背后往往有更深层次的心理原因，当小新的潜意识将"我如果生病了"与"不用去学校，父母更和谐"画上等号，小新的疾病势必会更难好起来。

【知识点】

孩子之所以会出现学校恐惧症，和压力有直接的关系。目前，孩子面临的压力是多个方面的，有来自社会、父母、老师的压力，也有来自同学关系的压力。在无法逃避的情况下，一些孩子在潜意识中便选择了"生病"。有了病，父母就得带着去看病，孩子自己就可以不学习了。这种"生病"不是"故意装病"，孩子的确有躯体不适感，只是用躯体不适来掩盖情绪上的问题，这在心理学上叫躯体化，是一种心理障碍。学校恐惧症的3个发病年龄高峰分别在5~7岁、11~12岁和14岁。5~7岁为第1高峰，可能与分离性焦虑有关；11~12岁为第2高峰，可能与学习压力增大、适应新的学习环境、结交新的朋友有关；14岁为第3高峰，可能与青春期特征性发育导致的焦虑、抑郁、恐惧有关。可能有的父母会奇怪，头痛与焦虑、不安全感之类的情绪问题有关系吗？其实，不只是无法查明原因的头痛，还有查不出原因的胸闷、胃部不适、肚子疼、咬指甲及做噩梦等，都有可能是孩子的情绪问题引起的。

纵观家庭系统，当一个家庭"生病"了，一定会有一个或多个家庭成员把家庭的"病症"呈现出来，而这个人往往是家庭中能量较弱、敏感度较高、年龄较小且无力自我保护的那一个——孩子。患有恐惧症的孩子常表现为孤独、情感封闭、难以适应外部环境、情绪不稳定、好掩饰、存在病理的防御机制。

孩子之所以要运用这种无声的语言来表达自己，往往是因为他们遭遇了无法用语言表达的困境，或者是从小到大情感的被忽视、被压制、不被理解，导致他们形成了不会说、不能说、说不出等特点。当孩子在婴幼儿期时，由于心理结构尚未充分发展，他们不能在言语上进行交流，个体对外界的刺激主要是在躯体上做出反应。而如果孩子在成长的过程中，一直处于被忽略、被压制的状态，个体会形成原始的躯体反应模式，这种反应我们可以理解为孩子的躯体行为语言。当个体的焦虑、紧张及需要长期且严重地没有得到理解，这些躯体的不适和糟糕的感受会积存下来。虽然随着孩子长大，他们的语言能力得到发育，但那种前语言期的感受也会永远留在潜意识之中。当孩子再遇到挫折和压力时，早先那种躯体的反应就会重现，使人感受到一种非理智、神经质的躯体不适和焦虑，这也是一种退化过程。

【家长建议】

1. 家长对孩子的教育应保持理性

大部分患有学校恐惧症的孩子的家长往往对孩子有更多的溺爱和过高的期望,而且缺乏温情和足够的情感支持。如果家长对孩子的期望过高,把自己的人生观、价值观等教育理念强加到孩子身上,对孩子的成绩过度关注,总是拿孩子的成绩进行攀比,甚至因为成绩而打骂孩子,那么这会对孩子造成很大心理压力,使其渐渐对学习产生厌恶。

2. 保持合理的边界

随着孩子长大,家长应该逐渐认识到学习是孩子自己的事情,家长可以引导、建议,但不应该过度地干预。当家长过分看重学习时,学习似乎变成了家长的事情,这势必会削弱孩子的学习动力,导致孩子在学习中得不到快乐,甚至会让孩子产生痛苦的情绪,严重时就会造成学校恐惧症。

3. 父母应保持稳定的情绪

学校恐惧症的发展与成人的焦虑障碍很相似。家长情绪不稳定、离异、感情不和等均会增加孩子的焦虑抑郁情绪,长期生活在争吵打闹家庭的孩子,越容易出现逃避、攻击、无精打采或者焦虑等症状。家长应管理好自己的情绪,当有负面情绪时应及时自我调整,那么孩子也会耳濡目染,学会管理自己的情绪。

4. 合理对待拒绝上学的孩子

要注意查明孩子不肯上学的原因,如果家长对孩子不去上学表现得过分忧虑和过分关注,或者表现出强制或感情排斥,很可能会滋长孩子不愿上学的情绪。例如,孩子出现头痛不适等,先去医院检查,排除躯体疾病后,可以尽快寻求专业心理医生的帮助。

5. 关注孩子全面发展

家长应为孩子提供一个宽松、愉快的学习环境，让孩子保持稳定健康的学习心态。在平时的生活中，要给孩子一定的空间与时间发展自己的兴趣爱好，鼓励其与同伴、朋友、老师和家长进行思想沟通与情感交流。当孩子取得一定的进步时，及时予以鼓励和真诚赞美，把自己作为平等的一员主动参与孩子的生活与学习。

（王淑君）

惆怅青丝断

【案例】

小丽今年 8 岁，刚从外地转到宁波上学 2 个月。近期，母亲发现孩子头顶乌黑靓丽的头发明显减少，甚至有小块的头皮裸露。曾带孩子至皮肤科就诊，医生检查没有发现皮肤、毛囊有引起掉头发的疾病，建议来心理科就诊。

小丽 2 岁前和母亲生活在农村老家，之后母亲来宁波和父亲一起做生意，期间生了弟弟。小丽由奶奶抚养，习惯了农村自由的生活，但也渴望回到父母身边，羡慕弟弟可以和父母生活在一起。小丽在乡下读书成绩较好，和老师同学关系良好，在伙伴关系中处于主导地位。今年父母在宁波买了房子，让小丽来宁波读书。因为两地教材差异较大，宁波地区增加了英语等课程，小丽感到学业压力大，玩的时间明显减少，很难找到可以一起玩的朋友。因为学习困难，老师经常批评她。父母比较忙，不能花很多时间去支持孩子，就给她报补习班，希望她可以提高成绩，有时会对她表示不满。小丽变得沉默少语，晚上多梦，易哭泣，也不告诉父母自己在学校里发生的事情，胃口变得很差，体重下降，写作业的时候或者闲着无事的时候会不自觉地用手卷头发，烦躁的时候会用力拔头发。

在和小丽的交谈中，她的话很少，难以描述清楚内在的情绪和感受。小丽很喜欢画画，医生要求她画一幅有房、有树、有人的画。从画中可以看出，孩子目前比较孤独，压力大，有很多焦虑、抑郁的情绪，不知道如何和母亲交流，很无助，也很自卑，缺乏情感的支持。当和小丽谈论画中小女孩的经历和感受时，小丽哭泣着说，小女孩来到宁波的学校心里感觉很害怕，出门走路有很多的车，担心自己被撞到，路又很多，担心自己一个人出去找不到回家的路，担心自己被人贩子拐走。小丽感觉在班级里交不到好朋友，大家看待她像看待一个怪物一样，觉得自己说的普通话不好，别人不喜欢听她说话，也觉得自己长得不如同学好看，皮肤黑。测试成绩不好，有时听不懂老师讲的内容，作业不会做，感觉老师不喜欢自己，害怕父母会对自己失望，感觉弟弟被父母疼爱，自己各个方面都不如弟弟。心里难过，没有人可以诉说，整日学习，不能到处乱跑，觉得憋坏了。对于自己拔头发的行为觉得不能控制，有时无聊了不自觉会搓头发，学习的时候做不出题目来就很烦，生自己的气，觉得自己怎么那么笨呢，当这样想的时候会主动扯头发，来惩罚自己。被母亲发现后被责备，感觉母亲心情不好，觉得这件事情很严重，自己很害怕，想要控制，但烦起来又控制不住，担心自己头发秃了被同学嘲笑。晚上做梦较多，总是梦见作业写不完、被老师打、被母亲骂，想念奶奶，想回老家，但又不敢说，怕母亲生气。

【分析】

该女孩比较依恋自己的奶奶，原本生活在比较封闭、稳定、安全、自由的农村，能力在同龄人中是比较好的，自信心也是足的。然而，生活环境、养育者、教养方式和学习环境发生改变后，内心的安全感被打破。同时，父母给其的关爱和陪伴不够，家庭中还有一个弟弟和她竞争父母的爱。另外，学校里的人和规则都是全新的，教材及老师的教育方式与之前差异较大，女孩学习成绩跟不上，交不到朋友，这使其产生了前所未有的挫败感，觉得是自己不聪明，所以学不好。觉得交不到朋友是因为自己长得不漂亮，说话不好听，没人喜欢自己。而这些想法让她感到羞耻，她没有告诉母亲，母亲也没有及时解释原因可能是外在的因素，而不是女孩不够好。而且，生活方式的改变、娱乐时间的明显减少都导致了女孩内心中强烈的焦虑、恐惧、抑郁的情绪。而女孩和母亲之间没有形成安全的依恋关系，不知道怎么向父母表达自己的情绪和感受，以及如何诉说自己的挫败感和丧失体验，也就无法缓解这些负面的情绪，这些负面情绪影响到女孩的睡眠、注意力、食欲、精力、活动、学习、记忆能力。当女孩出现负面情绪的时候，她对自己很愤怒，用拔头发的方式惩罚自己，后来发现这种方式可以舒缓自己焦虑、抑郁的情绪，此行为就被强化了，逐渐变成女孩应对负面情绪的一种习惯性的方式。

【知识点】

拔毛癖主要表现为反复不由自主地将自身体毛捻、拔。常见的是捻头发和拔头发，特别是头顶部，有时是单一的部位，有时会有多处，也有拔眉毛、睫毛、鼻毛、胡须等。此行为多与精神压力有关，如较大的学业压力、紧张的同学关系、较多的家庭矛盾、较为严厉的父母教养方式、其他兄弟姐妹的出生、环境的变化等。该病多见于女孩，一般起病于青春期之前，有一定的性格特征，如固执、孤僻、不善交际等，到了青春期可能会出现强迫症状。

当孩子更换生活环境时，需要提前告知孩子可能会面临的外部环境压力，如不同的教材、人际关系中可能出现的问题、老师的不同教育方式等，让孩子有一个心理准备，并和孩子一起商讨应对的方式。同时，需要花费更多的时间和精力投入对孩子的陪伴中，与孩子建立安全稳定的关系，不要过度关注学业，看见孩子在适应新环境中付出的努力和做得好的地方，欣赏其努力的过程，相信孩子经过一段时间后可以克服困难，让孩子对未来有信心。另外，也要能承受孩子努力后也可能会失败的结果，特别是承受考试成绩的不确定性，接纳孩子出现的负面情绪，理解孩子，用积极乐观的态度鼓舞孩子。要经常和老师沟通，让老师知道孩子的特点，特别是优点，从而让老师能正面地表扬孩子，促进其他同学和孩子的交往，进而让孩子融入班级的团体中，获得归属感。

【家长建议】

①如果能在身边养育孩子，最好把孩子留在身边，多子女家庭应该根据孩子不同的特点用不同的方式对待孩子。例如，对于性格外向、爽朗、直率的孩子，可以认可他们的热情、善良、健谈，更直接地表达自己的看法、感受；而如果孩子性格内向、敏感、多思多虑，家长在对待他们的时候需要更为小心，要多观察、多倾听，多去问他们的想法和感受，更委婉地表达自己的想法，避免直接表达后他们难以承受，或想要说他们哪些地方做得不好之前，先说他们做得好的地方，这样他们会更愿意接受家长的意见。不要拿两个孩子去比较，不要去贬低其中一个孩子，要看到他们各自的优点，家长认可孩子，孩子才有可能认可自己，才有信心和能量去面对困境。一个孩子被家长怎样对待，就会用怎样的方式对待自己。例如，一个被过多批评、责备教育的孩子，就会用苛责的方式对待自己；一个被宽容、理解、支持对待的孩子，就会用宽容理解的方式对待自己和周围人。

②当孩子出现拔毛行为时，家长不要过度焦虑，家长先放轻松，孩子才能放松下来。家长需要知道孩子可能正在面临很大的现实困难，所以产生了精神压力，孩子需要家长、同伴的帮助。不要去严厉责备、惩罚孩子，不要给孩子的行为贴标签，不要过度关注拔毛的行为，不要故意夸大拔毛的危害，如"你拔掉的头发再也长不出来了""别人会把你当成怪物了"等，这样会加重孩子的恐慌。因为孩子不知道家长哪句话是真的，哪句话是假的，这可能会加重拔毛症状。家长需要积极主动地去了解孩子的处境，和孩子一起谈论目前的困难及他们体会到的负面情绪和感受，及时疏导孩子的负面情绪，商讨如何解决现在的困难。家长需要适度降低对孩子学业过高的期望，陪伴孩子，相信困难可以被克服，给孩子良好的支持，营造宽松、自由、有序、温馨的家庭氛围。当孩子情绪得到改善，现实困难找到有效方法应对后，症状一般可以改善。

③可以和孩子商讨一些应对拔毛冲动的方法，如起身走动、用力挤压发泄球、找人聊天、听听音乐等。可以让孩子自己观察自己的行为，当想

第三章 学龄期常见心理问题

要拔毛或者正在拔毛时，可以选择做一件事情去抵消拔毛的冲动，在孩子的行为减少后及时给予一定的奖励。每天让孩子自己监测自己的行为，关注积极的行为。

④拔毛癖可以治疗，一般早发现、早治疗，效果较好，不要回避去医院就诊，拖延了病程，病情慢性化就不好了。症状较轻的孩子可以进行系统心理治疗，如果症状较为严重，一般选择药物和心理综合治疗的方法。对于儿童期的孩子，治疗以家庭治疗和行为管理为主，青春期的孩子可以使用认知行为治疗。

（胡莎莎）

睡觉不踏实的小男孩

【案例】

敏敏，男，9岁，小学三年级，因情绪不稳定、睡觉困难来诊。敏敏原先性格开朗活泼，然而从小学三年级开始，逐渐出现情绪不稳定，变得不爱说话、怕黑，睡觉不踏实。小学一年级时已经分床睡的敏敏近期要求和父母一起睡觉，不然就睡不着、做噩梦。近期上课注意力逐渐不集中，成绩有所下降。

敏敏的出生和发育史正常，3岁上幼儿园，7岁上小学。妈妈产假结束后，白天主要由奶奶照顾，晚上和奶奶睡，和奶奶比较亲近。有时也会让妈妈给自己讲睡前故事，和妈妈睡觉。爸爸在敏敏上小学前工作忙碌，经常不在家，平时和敏敏沟通较少。小学二年级后爸爸不需要出差了，平时会指导敏敏学习，对敏敏比较严格。敏敏自幼未患过重大疾病。爸爸是家中独子，爷爷在爸爸上高中的时候因病去世。4月份，奶奶因突发脑溢血经抢救无效去世。

【分析】

在咨询过程中发现爸爸对孩子症状的解释是为了逃避学习、矫情,对妈妈依赖,没有男子汉气概。并且,爸爸对孩子有嘲讽,孩子比较怕爸爸。妈妈提到,奶奶突发脑溢血的时候,孩子正好在奶奶身边,目睹了奶奶倒下的过程。送医后,因为在ICU治疗,孩子并未看到奶奶,直到奶奶去世,孩子在殡仪馆和奶奶进行了遗体告别。因为奶奶发病突然,父母送奶奶去医院的时候把孩子托付给了平日关系比较好的邻居照看。葬礼上因为忙乱也没有太顾及孩子。小学三年级后,因班主任数学老师怀孕而更换了班主任,新老师比之前的年长,是教学组长,对学生的要求比较高,学生有纪律或学习问题时会严厉批评。敏敏在刚开始的几次课堂测验中有几次口算错误,被老师当众批评。后来,敏敏逐渐出现睡觉不踏实、爱做噩梦的症状,这让敏敏感到非常痛苦。在与孩子沟通时,心理师利用家庭历史故事会,邀请全家一起讲述家庭中的故事。孩子在讲到自己和奶奶的故事时开始伤心哭泣。心理师进而询问奶奶发病时孩子的感受,并对其情绪做出处理。随后,心理师帮助父母理解孩子在遭遇奶奶去世后的丧失和恐慌,孩子也需要和去世的亲人进行告别,尤其是在孩子和奶奶的感情非常好且奶奶又是突然离去的情况下。另外,在敏敏的哀伤情绪未被处理的情况下,他在上三年级的时候又一次经历了班主任的离开,这勾起了敏敏在奶奶离去时未被处理的创伤情绪。爸爸的不理解和训斥也加重了孩子的恐惧感。

【知识点】

对孩子来说,如何勇敢地面对亲人的离开,如何理智地处理因失去亲人而产生的悲伤情绪,如何去关爱他人、珍爱生命,毫无疑问是早期教育的必修课。遗憾的是,由于传统文化对死亡的避讳,这门必修课在幼儿教育阶段甚至所有教育阶段都是缺失的。

死亡教育能够让孩子认识并理解生和死是人类自然生命历程中必然要经历的,能让孩子客观、理性地认识生命的消失,教会孩子处理因为失去

第三章 学龄期常见心理问题

造成的悲伤、焦虑和恐惧等负面情绪。通过死亡教育，孩子需要学会理智地面对亲人的离开及家庭的变故。尤其是在离婚、同居和重建家庭数量不断增加，家庭结构变得更加复杂的今天，学会应对失去、提升处理不良情绪的能力对孩子来说尤为重要。

死亡教育能够让孩子学会关爱他人，可以使他们更了解失去的痛苦，从而使他们产生同理心，懂得站在他人的角度考虑问题，知道如何去关心那些需要面对失去的人。这对孩子的认知发展非常重要，能够促使孩子进入皮亚杰所说的具体运算阶段。

【家长建议】

孩子遭遇非常亲近的亲人去世时常常会感到恐慌，需要安抚和呵护，需要参加追悼仪式来释放哀伤的情绪和情感，完成跟亲人的告别。否则可能会造成创伤，严重者会有退行性的行为变化。本案例中，孩子对奶奶的感情非常深厚，奶奶的突然离世，让孩子处在孤独和恐惧之中。家长的不理解，加之后期学习环境的变化，加重了孩子的创伤反应。心理师在治疗过程中应遵循建立安全感、创造温馨的家庭环境、给予孩子心理支持的原则，鼓励家长参与到家庭活动中来。在处理亲人去世的情绪过程中，需要让孩子用仪式性的行动完成哀悼，用孩子能理解的方式讲述死亡是什么，给予孩子心理支持。这些方法能减弱孩子的丧失感，减少创伤的影响。

1. 根据孩子的状况给予不同解释

每个孩子的心智发展状况不同，所以对不同孩子的具体讲述方法也会不同。对幼童讲述应使用最简单的语言，给其最直接的信息，尽量避免使用孩子听不懂的隐喻。

2. 及时告知孩子真实情况

告诉孩子噩耗的最佳时间是家长得知消息后不久，不宜拖延。这样，孩子知道一家人言行改变的原因是失去亲人，而不是自己做错事，这就会减少猜测、想象造成的额外焦虑，以及不必要的内疚自责。最好是孩子的

家长或其他与孩子亲近的成人当面亲口告诉。

3. 对孩子的疑问，有问必答

不要用沉默对待孩子，那样可能会放大孩子的无助感，孩子可能会以为成人太无助了，到了无话可说的地步，生活真的没有希望了，自己要独自面对死亡。家长要回答孩子提出的疑问，让孩子看到成人有能力掌控局面，这样他们就可以安心，可以看到希望。

4. 不掩饰情绪，承认悲伤不会很快消失

家长在告知噩耗时可以悲痛地哭出来，不必压制情绪，但也要有节制，避免吓着孩子。可以告诉孩子自己哭是因为悲痛，舍不得亲人离去，这样可以减少孩子的恐惧。因为，你在用自己的行为告诉孩子，哀伤反应让人痛苦，流泪是正常的，不需要逃避情绪。

（金琼）

被欺凌的孩子们

【案例1】

小芝，独生女，12岁，小学六年级，个性偏内向，为人好强、追求完美，父母工作忙碌（父亲警察，母亲律师）。小芝学习成绩中等，担任纪律委员，同学作业完成不及时或地面打扫不干净，小芝都会很认真地扣他们积分，同学都不喜欢她，因而小芝多数时间独来独往。六年级上学期，班上几个调皮的男同学商量着在校门口堵小芝让她交出零花钱。小芝告知班主任后，班主任逐个找来求证，但这些男同学口径一致地否定，班主任未进一步追查。小芝求助父母，但当时小芝外祖父母均因病住院，父母疲于应付工作及照顾二老，常不耐烦地回答："为什么不欺负其他同学，找找自己的问题。"此后，小芝逐渐开始害怕、回避上学，父母劝说安慰无

效后便暴力相加,厉害时将其半夜推出门外。小芝在父母的威逼下继续上学,但往往在放学前就整理好书包,下课铃一响,便立马冲出教室,但即便如此,偶尔还是会被那几个男同学追上威胁。这样过了一个学期,小芝的学习成绩明显下降,人也越来越沉默,父母不理解,认为是小芝学习态度差(父母时常发现其做作业时发呆等),辱骂、威胁增多。小芝起初均默默忍着,后期忍无可忍,一次摔砸物品后父母意识到小芝可能出问题了,对小芝的态度变得温和,但小芝个性却越来越泼辣,那几个男同学也不围堵她了。此后只要同学说话做事不顺其心,小芝便发脾气谩骂,有时甚至言语威胁,多次被同学家长投诉后,老师建议看心理医生。

【案例2】

小军,男,13岁,初一学生,有一异卵龙凤胎姐姐,个性内向,为人自卑、胆小。父亲是工人,身材矮小,老实话少。父母在其1岁时离婚,小军及姐姐由祖母养育,家里经济紧张。姑姑能说会道,开公司,经济宽裕,时常接济小军一家。小军及姐姐学习成绩都差,但家人只批评小军,说:"你是男子汉,以后要承担一个家的,学习不努力是不行的……"此后,小军便有做女孩比做男孩好的想法。一次告诉同桌后,在同学中传开,后同学见到他便嘲笑他,小军便开始拒绝上学。家人威逼利诱,小军始终默不作声,厉害时蜷缩在墙角。老师来家访,小军也避而不见,姑姑意识到问题的严重性,带来就诊。沟通后,小军说:"我觉得自己很差劲,什么都做不好,天天被骂。可是姐姐跟我一样却不会被骂,所以我想,如果我是女孩,或许就不算差劲的人,并非想做女孩……"

【分析】

上述2个案例均是因在校被欺凌而引发的回避上学问题。但不同的是,小芝出生在高知家庭,校园欺凌发生后,小芝及时求助于老师、父母,但老师流程化处理,而父母情感支持、需求回应不够。回避上学问题行为出来后,父母亦未察觉到小芝问题行为背后的校园欺凌,而是以辱骂、指责等方式粗暴应对,偶然一次反抗却意外让小芝体会到"强硬"的甜头,此

后"强硬"泛化到小芝的校内外生活，小芝由被欺凌者摇身变为欺凌者。

小军1岁时父母离异，此后小军由祖母及父亲共同养育，父辈女强男弱，而家人对龙凤胎弟弟小军期望高、要求严。这样的家庭成长环境和氛围，对于内向、自卑、胆小的13岁小军来说十分压抑，出于自我价值保护便滋生了"女孩比男孩好的想法"。同学嘲笑，对于自我价值体验低的小军来说，无异于压垮骆驼的最后一根稻草，继而采用回避的应对方式。

【知识点】

校园欺凌是指发生在校园内外学生间的一种特殊的攻击行为，以具有故意伤害的意图、造成生理或心理的伤害、双方地位不对等为特征。常见的校园欺凌类型有肢体欺凌、言语欺凌、关系欺凌、网络欺凌。其中，言语欺凌是指言语行为方面的软暴力，是口头上对别人进行伤害的行为。言语欺凌是校园欺凌中最常见的欺凌行为，虽然没有给被欺凌者带来头破血流的肉体伤害，但其伤害不亚于皮肉之伤。

校园欺凌会严重降低被欺凌者的自尊，降低其自我评价和自我价值感。当遭受校园欺凌时，被欺凌者可能会因为低自尊水平而对被欺凌一事进行内部归因，认为受欺凌是自己的过错而自我责备，较少考虑欺凌者、学校环境等外部因素的影响。在这样的心理状态下，个体可能会因为害怕被指责，而不敢将受欺凌的真相告诉同伴、老师和父母，并采取消极、回避的应对策略，默默承受欺凌，从而导致校园欺凌重复发生。长此以往，被欺凌者常处于恐慌中，会逐渐形成孤僻、胆怯、自卑等消极人格特征。有些孩子由于长期被欺凌伴发的焦虑抑郁等负面情绪得不到合理释放，易产生强烈的挫败体验，继而爆发攻击性行为，进而欺凌其他孩子，所以校园欺凌可能"培养"出更多欺凌者。校园欺凌中受伤的并不只是被欺凌者，欺凌行为也会影响欺凌者人格发展和正常社会化进程。

现有研究表明，低自尊与校园欺凌关系紧密。

1. 被欺凌者

低自尊是个体遭受校园欺凌的风险因素。低自尊个体在人际交往当中处于被动和弱势地位，容易形成怯懦、固执等不良心理状态，与同辈群体交往时，可能会受到家庭背景、学业表现等方面不足的影响，怯于主动进行人际交往和寻求帮助，难以发展支持性的人际关系，导致同辈或师长支持系统缺失或薄弱，使自身易成为校园欺凌的潜在受害者。在建立友谊和维持友谊等方面低自尊个体还可能存在被拒绝、被忽视和被孤立等负面经历，在学校当中处于话语权和交友权的弱势地位和边缘地位，一定程度上增加了自身遭受校园欺凌的风险。

2. 欺凌者

低自尊个体会采取欺凌的方式以树立自己在校园内的权威，在同辈群体中寻求关注。欺凌者的低自尊会影响其自我价值的建构过程，而受到个体条件性的自我价值判定形式的影响，这会引发欺凌行为条件性的自我价值。例如，孩子将自我价值判定的基础建立在学习成绩方面，并认为学习成绩能够代表自我的全部价值。条件性的自我价值会给个体带来负面的心理影响并引发不良行为——校园欺凌。尽管欺凌者在校园欺凌中展现出强势和攻击性行为，但其可能是在其他方面不占优势地位的弱势群体。

校园欺凌中，除了有被欺凌者、欺凌者，还有旁观者，而旁观者又可分为协助者、强化者、局外者和保护者 4 类角色。前三者为消极旁观者，分别以行为支持、语言支持和默认发生等形式，在一定程度上助长校园欺凌；而保护者角色则为积极旁观者，有利于阻止校园欺凌的发生。

【家长建议】

家庭是社会的细胞，是孩子生活的第一环境，孩子真正的启蒙老师是自己的家长，家长要教会孩子做人。校园欺凌根源在于家庭，要杜绝校园欺凌，就要重视和加强家庭教育。

1. 权威型教养方式促进高自尊培养

低自尊水平与校园欺凌紧密关联，而家长无条件的爱和接纳能够提升孩子的自尊水平，安全的家庭氛围和完整的家庭结构也有利于孩子自尊的

培养和提升。其中，家庭教养方式对孩子的心理发展有重要影响，可分为：权威型、专制型、放纵型、溺爱型及忽视型。

权威型：家长会给孩子提出合理的要求，并对孩子的行为进行适当的限制。与此同时，他们会表现出对孩子的爱，并认真听取孩子的想法。这是对孩子最有利的一种教养方式。

专制型：家长会要求孩子无条件服从自己，孩子会较多地表现出焦虑、退缩等负面情绪和行为，但他们在学校中可能会有较好表现，比较听话、守纪律。

放纵型：家长会对孩子表现出很多的爱与期待，但很少对孩子提要求和对其行为进行控制。孩子容易表现得很不成熟且自我控制能力差。

溺爱型：家长会对孩子过分关爱、包办代替，容易造成孩子自我意识较弱、占有欲强、缺乏自信等。

忽视型：家长对孩子一般只是提供食宿和衣物等物质，而不会在精神上提供支持。孩子很容易出现适应障碍，他们的适应能力和自我控制能力往往较差。

权威型教养方式能为孩子提供情感和精神上稳定和安全的支持，有利于孩子高自尊的培养；而专制型、放纵型、溺爱型和忽视型教养方式则会阻碍孩子自尊水平的提升，导致孩子的低自尊状态。

2. 正视校园欺凌给孩子身心健康带来的危害

在欺凌行为发生后，不能简单地训斥和指责欺凌者，而应深入了解欺凌行为发生的原因。要多沟通，不能纵容欺凌者，也不能忽视被欺凌者的感受和伤害，要适时给予共情支持，引导负面不良情绪宣泄。

3. 提高孩子的人际适应能力

一些孩子因人际适应能力较差而成为被欺凌对象。这些孩子心胸狭窄、以自我为中心、对人际关系过分敏感，所以易被排挤。家长应鼓励孩子多与同龄伙伴交往，让孩子学会控制情绪和避免冲突的技巧，教会孩子接纳、尊重他人，让孩子积极参与集体活动，从而提高孩子的人际适应能力。

4. 重视孩子的身心发展

给予孩子足够的关注及高质量的陪伴，时刻注意孩子的变化，多和孩子互动沟通，避免孩子出现孤僻、偏激倾向。如果孩子遭遇校园欺凌，家长要第一时间了解孩子是否受到了伤害（身体、心理两个方面），平时多关心孩子的心理状态和行为表现，给予孩子及时的关注和有效的支持与疏导。

（程芳）

总和弟弟过不去的女孩

【案例】

小美，女孩，小学二年级，因情绪不稳定、闹觉由父母带来就诊。门诊医师了解情况后建议父母带孩子进行家庭治疗。小美有一对小自己3岁的双胞胎弟弟，全家和外公外婆、保姆住在一起。小美3岁半上幼儿园时，每天哭泣，当时家人并未关注她的情绪状况。直到5岁时，小美出现抽动症状，家人感觉严重，遂带小美到儿童心理科门诊就诊，后抽动症状减轻。上小学后，小美情绪较稳定，但有注意力不集中、闹觉的情况。近期时常缠着母亲一起睡觉，不然就睡不着，而且经常发脾气，成绩下降明显。

小美母亲孕期一直在工作，非常忙碌。小美出生后，外婆协助照顾，母亲不上班时会自己照看孩子。小美一直与外婆睡，上小学后独立睡觉。小美父母均为独生子女，父亲是一家企业老总，工作非常忙碌，基本不在家。双胞胎弟弟在小美3岁的时候出生，这时候母亲辞职在家和外婆一起照顾双胞胎弟弟，同时家里还有保姆一起照顾几个孩子，弟弟们和母亲睡。小美上幼儿园时出现各种反应，还有控制不住眨眼的情况。保姆发现，小美偶尔会打弟弟们或抢夺弟弟们的食物和玩具。家人在场的时候，

小美表现得对弟弟们很好。双胞胎弟弟里的老二表现出比较优异的学习能力，大人教过几次后就会背诵唐诗，经常受到家人的表扬。而小美在学校里因为成绩的原因会受到责备。小美父亲是个非常自律的人，不吸烟、不喝酒，也从不晚睡，他希望孩子们也能自律。父亲看到孩子们打闹会很生气，会将孩子们赶回各自房间。父亲常使用强迫管教的方式，看到小美学习成绩上不去，就会贬低小美。

【分析】

心理师需考虑：双胞胎弟弟出生后，家人关注度的转移是否对小美产生影响；小美自身的抽动症状和身体发育状态是否对心理产生影响；家庭教养方式是否对小美有影响。

心理师邀请全家参与到家庭治疗访谈中。起初，小美比弟弟们表现得更像一个小孩子。在与父母的单独沟通中，心理师了解到小美出生时正是父母事业转型的关键时期，母亲没有想那么快要孩子，没有做好成为母亲的准备，和小美的互动不够，哺乳期也遇到不少困难，很早就断奶改用奶粉喂养，后期基本是外婆照顾小美。而双胞胎弟弟出生的时候，父亲的事业比较稳定，母亲辞职在家专心照顾两个弟弟，这样母亲与弟弟们的互动较多。而在小美上幼儿园时出现抽动状况后，家人只是简单将其理解为适应问题，认为时间一长就好了。父母对小美有一定的期待，希望小美可以给两个弟弟做榜样，会比较严格地要求小美。这让小美对弟弟们的嫉妒加剧，认为都是弟弟们抢夺了父母对自己的爱。

小美在自己3岁的时候既面临着双胞胎弟弟的出生，又面临着自身上幼儿园的分离时刻，这让小美以为家人不再需要自己，只喜欢弟弟们了。同时，小美在弟弟们出生和适应幼儿园生活两重困境中的情绪问题并未得到家人关注，甚至因此遭到责罚。小美一直在寻找母亲对自己的爱，确认自己的价值感，通过退行性行为来满足自己的需求。能和母亲一起睡觉在小美看来就是爱的一种体现。

第三章 学龄期常见心理问题

【知识点】

小美对待弟弟们的态度，是一种非常明显的老大嫉妒现象。老大嫉妒的一个核心概念，是同胞竞争。第一个孩子在出生后，完全拥有了父母的爱，因此，他理所当然地认为："爸爸妈妈是我一个人的。"可是后来，当他发现有"入侵者"要来跟他分享父母的关爱和照顾时，他和弟弟妹妹之间，自然而然会发展出一种竞争的关系。而竞争的目的，就是争夺父母的爱。手足之间有嫉妒心很正常，因为他们都想要获得更多的爱和关注。

然而，严重者会表现为同胞竞争障碍，即随着弟弟或妹妹的出生，孩子出现某种程度的情绪紊乱，表现为对弟弟或妹妹的竞争或嫉妒。例如，已经学到的技能开始倒退，行为幼稚，常常模仿婴儿以引起父母注意，总是要求妈妈"抱抱"或"亲亲"；与弟弟和妹妹竞争父母的关注和疼爱，对弟弟或妹妹有明显的不友好、敌意，甚至会对弟弟或妹妹进行躯体残害；烦躁易怒，没有安全感，不服从父母的指令，越发调皮捣蛋，表现出焦虑、抑郁及退缩等症状，甚至有自杀意念和自伤行为，父母对此束手无策；部分孩子还会表现出躯体化症状，包括头痛、头晕及腹痛等。

【家长建议】

1. 为大宝做好心理建设

给已经出生的大宝做好心理准备，让他和尚未出生的弟弟或妹妹做好感情上的联结，为今后的共同生活打下一个良好的心理基础。母亲也可以在平时和大宝的互动中，让肚子里的小宝宝也"提前加入"进来。例如，在和大宝一起讲故事时，让大宝为小宝宝选择一本书，然后在念书之前对着肚子说："这是哥哥/姐姐为你选的故事哦。"

2. 对大宝的情绪及时反馈

最开始大宝会对弟弟或妹妹的到来感到欣喜，接着他发现自己不得不和别人分享父母，自己得到的关爱也会减少，他会体验到嫉妒、害怕、伤

心等各种情绪。作为家长,我们只有用切实的行动、积极的陪伴来缓解大宝的焦虑。有时孩子也不明白自己正在经历一种怎样的情绪,这时家长要有和孩子共情的能力。通过温柔而坚定的"我知道",引领孩子的情绪走向正面,这需要一个过程。家庭成员一定要及时发现大宝的情绪变化,给予更多的陪伴。

3. 拒绝大让小,解决问题讲究技巧

家长可让大宝一起参与照顾弟弟或妹妹,强化大宝是哥哥或姐姐的身份,这可以让大宝更容易有责任感,让他有一种自己长大了,可以主动照顾别人的感觉。而不能因为他是大宝,就要他赶紧懂事听话。家长不应命令大宝做事,应以尊重、商量的口吻请大宝帮忙,可以说:"你可不可以帮弟弟/妹妹拿一块尿片?"当大宝做得很好时,家长也要及时、具体地多给予赞赏及认同。

家里只要是跟孩子有关的东西,都分为3类:大宝的、小宝的、共有的。然后给这3类物品设置专门的安置地和负责人。把所有孩子的物品划分好后,再制定大家一起遵守的规则:大宝要用小宝的东西,必须要经过小宝同意;小宝要用大宝的东西也一样;公共区域的东西,大家可自由按需取用。

孩子之间发生矛盾时,家长的态度是决定孩子情绪的关键。最忌讳的就是家长充当裁判,判定谁对谁错、谁该让谁,尤其是不由分说大让小。

(金琼)

与妈妈黏在一起的大男孩

【案例】

小明是一个六年级的男孩,长得人高马大,像个大男孩。他紧挨着妈妈坐下,随即掏出手机,自顾自地玩了起来。当医生问他为什么来医院,

第三章 学龄期常见心理问题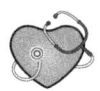

小明头也不抬，指了指妈妈。

妈妈就开始说了起来："小明是家里的第二个孩子，从小有点好动，别看长这么大，心理还很幼稚，做作业都不自觉，每天拖到很晚，要我催着才能做完。最近老师就批评了一下他的作业，这下连上学都不去了，再一个月就升学考了，这怎么办呢？"

医生问小明是不是有点害怕老师。妈妈又开始替小明回答起来："是的，他从小胆子就小，现在晚上还很怕黑，我们家庭教育也有问题，爸爸就知道批评。"

这时看着窗外的爸爸转过头来看向妈妈，说："这都是你害的，慈母多败儿，一点也没有错。这么大的孩子，天天要陪着，做作业不说了，晚上还要妈妈陪着睡，太溺爱了。你问问医生，这么大的孩子过马路用得着担心吗？老师骂骂有什么关系呢，一点挫折都受不了，以后进入社会不要被现实打磨啊？"

妈妈开始和爸爸争吵起来："你管过吗？孩子作业不好好做，老师发我信息我有什么办法。孩子分床都试几次了？一分床，他晚上11点都不睡，身体吃不消怎么办？第二天怎么上学啊？"

看上去父母对孩子的养育方式很不一样，相互不满。妈妈对孩子比较包容，但在爸爸眼中有点溺爱过头了。爸爸更倾向于站在社会对孩子要求的角度教育孩子，但妈妈觉得爸爸有点不近人情。

医生决定给小明一点空间，鼓励他发表自己的想法，于是让父母离开了诊室，并说道："你看，其实今天要解决的不仅仅是你去不去学校的问题。如果你害怕老师，实在克服不了对老师的恐惧，你可以暂时不去学校。但我觉得你可以帮帮你的父母，让他们少点争吵，目前关键的一点就是你和妈妈睡在一起，会破坏父母的感情。"小明回答："其实我也想一个人睡的，有时是妈妈自己要来陪我的。"于是，医生和小明共同制订了两周内的家庭陪睡计划：一周里，小明可以和妈妈睡2天，和爸爸睡2天，其他的3天自己睡，让父母有机会睡在一起。医生要求小明在两周后再跟医生说说家庭里的变化，小明欣然接受。

【分析】

小明的问题可能有两个方面的原因：一是他本身可能有好动、注意力不集中等特征，这导致他做作业速度慢、做事拖拉等问题，还需进一步检查，确定其是否存在注意缺陷多动障碍；二是妈妈的过分照料，妈妈想弥补孩子的不足，但没有掌握好分寸，过分保护让小明对妈妈过度依赖，让小明的独立性更差。想想一个六年级的孩子连独睡的能力都没有，对老师批评引发的焦虑自然也难以应对。

小明是家里的二胎，而且是个男孩。家里第一个孩子是女孩，长小明5岁，目前在读高中。这个女儿令爸爸很欣慰，虽然在女儿读小学的时候，家庭处于创业阶段，夫妻两个齐心协力地做事业，没有过多时间照顾女儿，但女儿不但成绩很好，也很独立。而小明出生以后，家庭企业基本成型，由爸爸一人管理，妈妈除了管好小明就没有其他事。小明妈妈直言不讳地告诉医生："我就是重男轻女。"小明的问题其实也跟家庭变化、夫妻角色变化及对男女性别不同的期待有关。

【知识点】

分离个体化是个体逐步脱离所依赖的父母，而形成自己独立个性心理的过程。正常的分离个体化分为4个阶段：第一阶段（0~2个月）为自闭；第二阶段（2~6个月）为共生；第三阶段（6~24个月）为分离个体化；第四阶段（24~36个月）为建立客体永久性。分离个体化的意义是随着孩子的长大，父母在建立孩子安全感的基础上，逐渐和孩子建立一定的边界。而孩子在内化父母提供的安全感的同时，能够独立承担自己的发展任务，面对一定的挑战。看上去分离个体化是在3岁以内完成的任务，但在临床上可以看到，很多长大的孩子还需要黏在父母身边，实际上还处在和父母的共生阶段。

人的一生都贯穿着不同形式的焦虑，包括陌生人焦虑、分离焦虑、阉割焦虑、自然环境焦虑、学习焦虑、人际焦虑等。每种焦虑按一定的顺序随着心理结构的逐步成熟而得到修正，如果早期的焦虑没有被克服，就会影响以后的心理发展。一般孩子在 7~8 个月时出现陌生人焦虑，同时担心与妈妈的分离；在 3 岁左右，正常孩子逐步形成了妈妈形象的心理守恒，即使妈妈暂时不在身边，在心理上也能觉得安全，这表示孩子已经具有克服分离焦虑的能力。存在孩子分离焦虑及分床困难的家庭中通常会有过于担心的照料者，照料者将这种担心不自觉地贯穿于整个养育过程，导致孩子对父母过度依赖。孩子把很多的情感力量投注于"完美"父母的身上，因此当独立去面对外部现实时，孩子会因为对外部环境理想化的要求而感受到外部环境的不完美、不安全。例如，面对老师的一点点批评或稍不如意就不去上学。

【家长建议】

①家长要根据孩子的情况，提供适合年龄的帮助和挑战。例如，对于幼儿园老师给孩子布置的任务，家长可以划分为孩子能独立完成的、需要提醒的、需要协助的、需要家长完成的 4 类。切忌出现觉得孩子做得太慢就替做的行为，这样就剥夺了孩子自己探索的机会。也不要忽视孩子的实际能力，让孩子完成不可能的任务，这样会让孩子感到受挫。

②家长要做好适合时机的分离。例如，1~2 岁断奶，3~6 岁分床睡等。如果前期养育基本没有问题，在不同的发展阶段，通过家长的鼓励和肯定，孩子就能够自己克服焦虑。

③家庭结构的变化、家长的期待会影响养育孩子的方式。例如，单亲家庭的妈妈自然而然把所有的注意力放在孩子身上；以照顾孩子为主要任务的家庭主妇，会把自己的价值都建立在自己孩子身上。这样的情况需要家长能够反思，注意给自己留点空间，给孩子留点空间。

（张文武）

第四章　青春期常见心理问题

无法正确释放压力的女孩

【案例】

小雪，女，新高一学生，被父母强行拽到门诊进行心理咨询。小雪自幼敏感、内向、乖巧，小学时期成绩优异，是别人家羡慕的孩子。虽然父母忙于工作，但其从小学习自觉，无须父母看管。但从上初二起渐渐开始闷闷不乐，父母因为工作忙碌并未多加关注。中考备考时，模考成绩起伏过大，曾有大声哭泣、不开心等情况。中考发挥一般，进入了一所普通高中。上高中后，小雪开始住校，只有周末回家时才能与父母见面。因此，亲子沟通互动较少，交流最多的通常是学业。小雪在学校里用美工刀划伤了自己的手臂，被同学发现后报告老师，老师与父母联系，父母这才带其来就诊。医生了解到小雪自从上高中后，因学业压力大，时常感到烦躁不安。她认为自己来到现在的学校就是错误。同时，进入集体生活后，小雪睡眠受到一些影响，与同学之间产生不愉快，却无法排解。在一次与父母沟通时，父亲说："你一个小孩有什么烦恼？就是把书读好就行，我们大人每天那么辛苦，你把书读好就是对我们最大的回报！"小雪感到没有人理解自己，觉得十分委屈与难过。一次刷网页时，小雪看到有人用刀划手臂，于是也学着尝试用美工刀在手臂上划。此后一旦心情不好，她就有划手臂的冲动。

第四章 青春期常见心理问题

小雪被诊断为抑郁症，医生建议在配合用药的同时进行心理咨询。在咨询室里，小雪母亲大声训斥女儿，既心疼又愤怒。但小雪冷冷地回道："你除了会骂我还能干什么？你根本不理解我！"

【分析】

小雪自小与父母沟通较少，家里也未形成良好的家庭互动模式。父母在养育过程中过度关注孩子的学习成绩，并未关注孩子的心理健康。小雪在成长过程中未建立良好的应对挫折的方式。进入初中二年级后，课业难度提升，从小学习成绩优异的小雪遭遇了学业上的挫折，但又无法排解，她感受到抑郁、内疚、无助和绝望的情绪。进入高中后，面对自己不如意的成绩表现和集体生活，小雪难以适应，以至于采用极端的方式来进行情绪排解，利用疼痛释放的内啡肽所带来的那一点快感，从那些压迫性的情绪中逃生。

【知识点】

并不是所有的自伤行为都意味着抑郁症的发生。自伤行为作为一种特定的现象，与孩子的情绪困扰相关，父母需要予以充分的重视和及时处理。

非自杀性自伤（non-suicidal self-injury，NSSI）行为是指不以自杀为目的，反复、故意伤害自己身体，且不被社会接纳和认可的行为，包括自我切割、拉扯头发、烫伤及针扎等自伤方式。青少年是 NSSI 行为的高发人群，发生率为 17%～60%。NSSI 从早期强调客观的可观察的伤害性（self-injury）到目前强调对伤害性的身心整体评估（self-harm），已被归为心理健康问题。

青少年自我伤害最常见的方式是划伤，其次是过量服药、打自己和其他人。有一些自伤行为容易被忽略，如酗酒、暴食等。只要是主观上有意且直接导致伤害性的行为，都应归为非自杀性自伤。依据行为的性质，又将其分为：自愿性自伤，即有意的、故意的行为，以目的为导向，为了达成某种目的；习惯性自伤，即自动的、例行的、习惯性的反应，已经是一

种成瘾性行为。

【家长建议】

1. 尽快就医

出现自伤行为后，必须尽快让精神科医生诊断评估。如果有心理障碍，越早治疗，效果越好。家长不要对精神科药物产生恐惧，目前的药物都比较安全，并不会带来太大的不良反应。请记住，自伤行为本身就可以理解为孩子的一种求助。

2. 避免激将法

千万不要当众戳穿孩子渴望成长的虚幻，否则，自伤可能变为自杀！既然他们渴望得到关注和尊重，家长满足他们即可。家庭和学校要给孩子充足的成长空间，好好欣赏和关注他们每一个看起来绚烂多彩的行动和计划。

3. 和孩子建立信任的关系

家长与孩子可以进行温柔而亲近的对话，其氛围是健康、真实、安全、不带偏见的，同时要允许孩子有了解自己心理状态的空间。不要假设孩子在想什么，如果他们回答不知道、不想说，或者不搭理家长，请允许他们按自己的方式来。如果家长在家中发现了血迹、刀片或者明确的伤痕，请温柔而亲近地和孩子谈谈他们的情绪和健康状况，而不是谈刀片和伤痕。"我想让你知道，如果你想和人谈谈，我就在这里""如果你想和任何人谈，即使不是我，我也会尽力帮你安排"。

4. 倾听和理解孩子的情绪

请在孩子想要交流的时候与他们一起谈论。这可能很艰难，家长可能会不断涌起纷繁复杂的感受，想要制止他们或终止谈话，但请听他们讲下去，不要催促或打断他们，要支持他们的表达。鼓励谈论这些是一件重要的事,毕竟,当孩子那些复杂的感受能越来越多地用语言表达,那么他们就不需要总是借助那么激烈的行为来表达了。

(金琼)

抑郁的孩子

【案例】

小丽,女,高中在读学生,半年前开始失眠、烦躁、悲伤。小丽主动告诉医生她的家庭情况:因为母亲事业心很强,嫌弃父亲不求上进、赚钱少、做事情拖拉,在小丽6岁时父母就离异了。她跟着父亲和爷爷奶奶生活,主要由奶奶抚养长大。母亲偶尔回家看她,也总是挑不好的说。一开始,小丽比较希望母亲能回来看自己,带好吃的回来,但每次被关注的都是学习成绩好不好、考得怎么样,小丽渐渐觉得母亲不是真的爱自己,自己也学不会怎么和母亲相处。而奶奶和父亲主要是给予小丽生活上的照顾,较少关注小丽的感受和在学校的人际关系,较少给予一些合适的指导。小丽在学校里一直不会交朋友,不会和女孩相处,也不会和男孩相处,觉得自己不会说话,只是因为成绩好,所以别人对自己尊重一点而已,没有可以说知心话的人,总是渴望找到一个好朋友,感到在人际关系中难以融入。后来,小丽觉得找一个落单的人交朋友会比较容易一些,因为大家同病相怜吧!但发现每次交到的朋友人品都不好,要不骗自己的零花钱,要不干了坏事让自己背锅,遂逐渐远离这些人,自觉很孤独。

考入高中时成绩较好,但进去之后感觉自己的学习方法在高中不适用,又找不到更好的学习方法,成绩一直下降到班级的中下游水平,小丽觉得成绩不好了交朋友就更困难了。小丽感觉自己的行为习惯别人都看不上,别人会在背后议论自己做事的方式,特别是在寝室里,小丽没有关系比较亲密的朋友,感觉自己被别人当成一个异类、怪人。小丽不敢拒绝别人的要求,担心别人会难受,更担心别人会不跟自己玩了,害怕被孤立,

感到很挫败,感觉同学总是在拒绝自己合理的要求,不愿意听自己说话,总是打断自己说话。小丽觉得自己是一个不被喜欢的人、一个没有能力的人,学习不好以后肯定考不上好的大学,人长得丑,不会说话,情商低,可能以后也学不到好的本领,性格不好,而别人凭什么要包容自己的不好呢!这样糟糕的自己活着就是拖累家人和朋友,很没有意思。小丽晚上睡不着觉,要到凌晨一两点才能睡着,夜间多梦,梦里多为紧张、担心的内容,早上起不来,整日无精打采,上课注意力不集中,容易烦躁,想要用刀划自己,有时控制不住情绪会和同学吵架,感觉特别孤独,容易内疚、自责,觉得对不起父母和同学,自觉脑子像一团乌云不会动了,记忆力减退,记不住东西,担心学业,感觉自己病了,希望得到医生的帮助。

【分析】

该少女出现了抑郁和焦虑情绪。孩子一般是在和母亲建立一段亲密的依恋关系后才能以此关系为模型去往外发展相似的亲密关系,并将其不断调整为合适的友谊关系。在一个家庭中,老人更多是承担喂养的职责,母亲则更多负责情感的滋养和指导,特别是随着孩子的成长,老人一般难以胜任教养的职责。小丽幼时主要依恋的对象是奶奶,母亲变成了一个不定时回家挑剔的人,母亲会攻击她的样貌,如脸太大了、五官像父亲不够精致、皮肤黄等,这严重影响了孩子的自尊的建立,且母亲没有很好地关注孩子的心理需求、回应孩子的情感表达。这让孩子觉得母亲的事业比她重要,父母离异是因为她不够好,母亲回家可能是因为外面过得不开心了,是回来发泄脾气的,而不是真心来关爱她的,不是因为思念她才回来的,而是为了检查她的学习成果。孩子不知道怎么和母亲相处,比较焦虑、害怕,想要尽量表现得好一些去满足母亲的心理需求、照顾母亲的情绪和感受,有强迫性照顾别人的性格特征。因为没有学会和父母如何建立和维持亲密关系,也没有学会妥善处理亲密关系中的冲突问题,对亲密关系的渴望一直没有被充分满足,所以无法建立一个安全的港湾。这些体验的缺失,导致孩子没办法学会和同龄人、老师建立亲密的关系,也不知道亲密关系里必然会出现冲突,而情感的存在可以包容冲突,并能妥善处理冲

第四章 青春期常见心理问题

突,更不知道冲突之后大家知道彼此的心理边界,更有利于关系的发展。在成长中,父母需要时刻等待着你们的孩子回过头来寻求你们的帮助,并及时帮助你们的孩子,告诉孩子,你们一直都在。该少女的父母陷在自身的问题中,较少关注到孩子除了学习之外的情绪感受和现实困难,没有在恰当的时机去指导孩子,给予孩子信任、理解和支持,给孩子内心建一个安全基地。孩子会觉得这个世界是严苛的,只有做到尽善尽美、不被批评,才是正确的,自己只能靠好好学习才有出路,自觉学习压力很大。离异家庭的孩子更容易觉得内疚,觉得去找父母说自己的困难,自己就会变成一个麻烦,会让父母心烦,父母已经很不容易了,应该自己解决自己的问题。

小丽觉得负面情绪是可怕的、不可控的,当面对父母和同学的负面情绪的时候,她不知道该怎么处理,感到恐慌,不开心很难消除,这影响到她学习的效率。而当她向母亲表达自己的负面情绪的时候,母亲非常焦虑,难以承受,没有像一个容器一样容纳孩子的负面情绪,稳定接纳孩子的情绪,并以稳定的情绪或语言回应孩子。孩子只能隔离、压抑掉自己的负面情绪,用理智化的思考方式处理情绪感受。当关系中没有了情感只剩下利益,当生活中没有了情绪感受只剩下对错、好坏,活着就变得没有了"味道",便有了无意义感、无价值感,容易滋生消极自杀的观念。

此案例中的小丽是一个典型的矛盾型依恋者,用情感隔离与压抑、自我攻击的方式去保护自己,形成了过于僵化的人格。小丽有情绪调节障碍,伴有躯体化症状,最终发展为抑郁障碍及焦虑障碍,严重影响了小丽的社会功能。父母在其成长中参与太少,陪伴、指导等质量较差,没有使孩子形成应对现实困境和压力的能力。

【知识点】

抑郁往往与婴幼儿时期的不安全依恋关系有关。约翰·鲍尔比的依恋理论认为,在孩子未形成语言之前(大概在 1 岁之前),母亲与孩子形成的依恋关系就已经为这个孩子将来如何与他人建立关系奠定了基础;直至 3 岁,孩子就已经基本形成了相对固定的并影响终身的依恋风格。依恋分

为 4 种类型：安全型依恋和 3 种不安全型依恋。这 3 种不安全型依恋分别为：矛盾-焦虑型依恋、回避型依恋和紊乱型依恋。安全型依恋表现为：很容易在情感上与他人保持亲密关系，依赖别人，也让别人依赖或者依靠自己，内心是感觉舒服的，不担心独自一人或者别人不接纳自己。矛盾-焦虑型依恋表现为：想要跟其他人在情感上能够完全亲密，但经常发现其他人不愿意像自己想象的那样来跟自己靠近，或者说与自己亲密，没有亲密的关系会感觉不自在，同时也会担心别人对自己的重视程度不如自己对他们那样。该类型往往非常自卑。回避型依恋表现为：没有亲密关系会让自己感觉很舒服，独立和自给自足对自己来说非常重要，情愿不要依靠别人，也不希望别人来依靠自己。该类型总认为自己是完美的，不承认缺点。紊乱型依恋（未解决创伤型依恋）表现为：不喜欢和别人靠近，也想要在情感上能跟别人建立亲密关系，但发现自己很难完全信任别人或者完全依赖别人，担心如果跟别人变得太亲密，自己会受到伤害。每个人都可能拥有或体验到这 4 种依恋类型，但是总会有一种依恋类型的影响最大，而往往是那种不安全依恋类型禁锢或者限制着亲密关系和亲子关系。安全型依恋的孩子更倾向于表达真实的负面情绪，而不安全型依恋的孩子更可能表现出假性的积极情感，他们会感觉负面情绪的表达是不安全的，甚至是愚蠢的，这影响到孩子的情绪发展。依恋关系的质量持续影响孩子的适应能力。

安斯沃斯对母爱剥夺进行了研究，并将其分为 3 个维度进行评估，分别是母爱缺失（不足）、母爱扭曲（忽视或虐待）和母爱中断（分离，或抚养者更迭）。她将母亲的关爱划分成 4 个维度。第一，母亲对孩子发出的信号有多敏感？第二，母亲在多大程度上接纳孩子？又在多大程度上拒绝孩子？第三，喂食、抚触、陪伴的时候，母亲是迁就孩子的需求与节奏，还是喜欢干涉，强加自己的个人意愿和日程安排？最后，母亲有空照顾孩子吗？母亲忽视孩子需求的频率如何？通过这 4 个维度的评分，她发现矛盾-焦虑型依恋的母亲喜怒无常，回避型依恋的母亲总在拒绝孩子。然而，安全型依恋的母亲更善于响应孩子的信号，当孩子一哭，她们就抱，而且抱孩子的时间更长，在此期间她们也更开心。无论是敏感、接纳、配合的程度，还是情绪的理解和表达，安全型依恋的母亲的得分都更高。回避型依恋的孩子在压力性情境下停止依赖，可能是因为持续遭到拒绝，所以被迫发展出了应对拒绝的方法。矛盾-焦虑型依恋的母亲身上具有不够温暖、不够体贴、无法长久地满足孩子的依恋需求的共性。随着孩子的需求增多，沮丧会加剧，问题必然会更加复杂，母亲的脾气会更差，会更受不了孩子。母亲内心越是挣扎，骨子里的那种抵触、抗拒就越明显。

家庭关系对孩子的情绪发展也有比较大的影响。研究显示，抑郁障碍患儿往往存在家庭功能不足（家庭沟通性、亲密度、情感反应和问题解决能力等较差）。在父母养育方式上，父母的情感温暖较低，而过分限制、干涉、忽视、指责批评、过度严厉惩罚等得分偏高。另外，学业压力过大、过度强调竞争、人际关系不良也会加重抑郁情绪。孩子自身的应对压力的方式也和情绪有关，研究显示，患有抑郁的孩子更倾向于用消极的应对方式（回避、退化、幻想、理想化等）来处理压力，而这些又会反过来影响孩子的情绪。

【家长建议】

1. 在孩子 3 岁前建立安全型依恋

孩子出生后最好主要由母亲抚养，老人可以帮助母亲喂养孩子。母亲在养育的过程中需要给予孩子足够的情感投入，关注孩子的生理和心理需求，给孩子更多的身体接触、温柔的声音、稳定的情绪，接纳孩子的负面情绪和感受，关注孩子感兴趣的东西，鼓励孩子自我探索，用欣赏和好奇的眼光看待孩子，孩子会看到母亲眼中的光彩。母亲要认真倾听孩子的语言，不要急躁催促孩子按照自己的方式去做，要让孩子有足够的自我探索的经验。母亲作为一个安全基地，在孩子视线范围内，不要过度焦虑，担心孩子受到伤害，在孩子感觉到有压力和危险的时候要及时出现给予帮助，并告诉孩子刚才感觉到的是害怕的情绪，而母亲会一直在他们身边保护他们。关注孩子积极的情绪体验和感受，当负面情绪出现时告诉孩子这

种情绪是悲伤、是愤怒、是恐惧，或者是几种混合的感受，并稳定住自己的情绪，包容孩子的负面情绪，这样孩子就会稳定下来，并会理解自己内在的情绪感受具体是什么。当孩子和母亲建立了安全型的依恋后孩子才能变得更自信、更勇敢，才能离开母亲去探索外部的世界。

如果母亲因为工作需要没有办法长时间照顾孩子，尽量找到一个稳定存在的亲人帮助照顾，如果是保姆的话，也请找一个能够稳定存在的，不要随意更换，最好有外婆或奶奶和一个稳定的保姆一起照顾，给孩子一个安全稳定的替代母亲的依恋对象。而母亲如果在家里的话尽量保持愉悦的心情，用欣赏的眼光去陪伴孩子。

当孩子逐渐长大后，在他们遇到糟糕的事情并出现负面情绪时，家长需要先稳定自己的情绪，然后包容孩子的情绪。当孩子的情绪稳定下来后，要认真倾听他们的表达，不要急着去指导，要体会他们的感受。当孩子觉得自己被包容、被理解后，他们会觉得安全。这个时候，家长可以和孩子一起讨论可以有哪些方法去解决现实的问题，可以先让孩子自己想，家长听孩子分析利弊，然后给予一些建议，让孩子自主选择。

2. 关注孩子的交友，适时指导

在孩子交友上需要关注其跟什么人一起玩，鼓励其交友，不要过度限制其交友，可以问其在交友过程中的体验，如何看待自己的朋友，朋友的优点是什么、缺点是什么，当遇到冲突的时候如何处理冲突。如果一段好的关系无法容纳冲突或者无法修复冲突，那么这段关系肯定是会终止的。可以和孩子多探讨跟不同的人交朋友的体验，相信孩子可以和不同的人交往，能处理朋友之间的冲突，不会因为一段受伤的友谊而变得孤独。

3. 理解孩子的压力

在应对压力的时候，家长需要理解孩子，不要过分关注学习成绩，需要关注孩子的感受，要看到孩子对学业的重视及他们的努力。很多家长总觉得孩子周末在家里的时候会去玩手机，好像对学业不是很看重或者不够努力，而很多这样的孩子学习成绩都挺好的，其实他们一直在努力，只是

第四章 青春期常见心理问题

努力的方式更多体现在学校上课的过程中,如上课专注、好动脑筋、作业完成得好。家长真的需要尽自己所能去找自己孩子的优点,并指出来告诉孩子,去信任自己的孩子,当面对很大困难时要与孩子一起想办法。当然在家庭中需要有规则,而这个规则不是针对孩子的,是全家都要去执行的,不然孩子会觉得不公平,"为什么我要去做这做那,大人就什么都不用遵守"。尊重孩子,同时坚定地要求孩子尊重自己,让孩子遵守规则但不要过分严厉,做到不放纵、不引诱、不操纵、不逼迫。

尽量不要去评价孩子的行为,不要去贴标签,恶意揣测孩子的想法会激怒孩子,每个孩子的内心都希望自己可以变好、变强大。不要将家长的焦虑传递给孩子,孩子会放大家长的焦虑,变成自己对未来的恐惧,这会导致孩子自我否定、愤怒、对抗,甚至伤害自己。接纳孩子真实的情绪状态,不需要孩子去假装很开心的样子。积极关注孩子,告诉他们做得好的地方、觉得他们有才华的地方,这些都会让孩子从小学会积极乐观、团结互助、尊重他人、自立自强。

4. 如果觉得孩子情绪一直不好,及时就医

如果觉得孩子情绪不好,总是控制不住哭泣,自我伤害,睡眠不好,食欲差,容易悲观、自责,人际关系紧张,躯体不适感较多,学习效率低下,请及时带孩子去医院就诊,明确是否达到疾病程度。如果严重,请及时治疗,不要延误病情。

(胡莎莎)

在失落中无法自拔的女孩

【案例】

小丽在父母的陪同下来看医生。小丽的妈妈是小学老师,爸爸是大学教授。小丽坐在父母中间,看上去很低落,父母的脸上带着焦虑。

看到小丽没有特别倾诉的欲望，妈妈开始聊了起来："我家小丽非常优秀，从小到大成绩特别优秀，乒乓球还拿过区里的第一名，小的时候可以说是别人家孩子的那种类型。最近她在学校总是觉得特别烦，感到学校很吵，同学很吵，就不想去学校了。她现在读高一下学期，学校其实还不错，也是一个重点高中，她成绩也不错，在年级组排在前10名左右，学习对她来说其实没有多大的压力。"

爸爸接上了话题："我觉得从小到大，妈妈给的压力还是太大了。小学里，小丽有几次期末考试成绩不好，甚至连饭都没被允许吃，我觉得现在的教育环境实在太差，没有考虑到孩子的成长。我估计中考的失利给我女儿的打击还是挺大的，因为按她的成绩，本来可以轻松考进镇海中学。她的几个好朋友，原来成绩还比她略微差的，都考进了镇海中学，而她现在读的学校虽然也是重点，但跟她的期望还是有差距的。"

爸爸的话触动了小丽，小丽的眼泪流了下来。她说："我不太喜欢现在的学校，包括老师、同学，我跟他们合不来，我在学校里感到很孤独。我的情绪很差，晚上也睡不好，白天没有精力，我感到自己越来越差，感到对不起父母。"谈到中考，小丽还是非常难过，虽然过去半年了，小丽还是没有从失败中走出来。"我原来一起的朋友，大家的成绩都差不多，我现在考得不如她们，她们应该也不会把我当朋友了吧！"小丽说道。

【分析】

小丽的抑郁情绪已经达到抑郁症诊断标准，具有典型的情绪低落、精力减退等核心症状，以及失眠、食欲下降、言语活动减少、自我评价下降等心理生理症状。

小丽的抑郁情绪与中考失利明显有关。对于很多初中生来说，中考失利是一个非常大的心理创伤，因为中考就是这一阶段最重要的考试。但大部分中考失利的孩子会在一段时间内接受失败，并重新收拾好心情，面对将来的学习和生活。对小丽来说，中考失利像是一个重大的丧失，她把学习的失败完全和自尊心的丧失等同了，考试失败后的自己已经和原来的自己不一样了，如今的自己就算再努力也感到很无助。她把学习成绩与很多自我的价值感联系在一起,觉得原来的人际关系是靠学习成绩维持的,自己的学习不好,原来的朋友就不会喜欢自己,这种对考试结果歪曲的、扩大的认知,加重了抑郁情绪。另外,她可能是在通过一种防御心理来抵抗自己的失败感,即贬低目前的学校、老师和同学,维持自己的优越感。结果是持续感到自己对目前环境的不适应,这种不适应也可能引起继发性的抑郁情绪。

小丽的父母都是老师,尤其妈妈对小丽的学习期望较高,一直以小丽为荣。小丽逐步内化了妈妈的期望,形成了强大而严厉的超我,在考试失利的时候,这引起了强烈的自我批评、自我怀疑和自我憎恨,导致了内疚和自我攻击。

【知识点】

近年来,青少年抑郁障碍的患病率有显著上升的趋势,据调查,男孩的患病率为7%,女孩的患病率为12%。这么高的患病率,不是单纯的生物学因素能够解释的,与当前的社会文化、教育环境、家庭环境及青春期心理发展阶段的困难都有着密切的关系。

当前对孩子有普遍而直接影响的是教育制度,精英式教育的理念让很多孩子在学习受挫的时候难以建立自尊心和自我认同感。目前,中考的压力已经胜过高考,只有50%的初中生能够进入普通高中,而绝大部分的父母对职业教育还是不认可的。

但不是所有的孩子在学习压力、学习挫折下会发展为抑郁障碍,这还与个体对疾病的易感程度有关。心理动力学解释抑郁障碍主要有两类抑郁体验:一是个体无助、无望感,与自尊挫败有关,关注的是自我的幸福;二是内疚感,关注的是所爱之人的幸福,例如,感到对不起父母。丧失及对丧失的处理过程是心理学研究抑郁障碍的一个重要议题,如果个体体验到涉及自尊、自我身份认同的重要自我部分也随着丧失过程丧失了,就会激起个体无助、无望感,让个体感到自己做什么都回不到从前的自己。处理丧失的过程中,个体要完成对自我、对客体好与坏两个部分的整合,在看到坏结果的同时看到自己积极的一面,只有这样才能从丧失中走出来。

如果只能看到自己坏的部分，就会攻击自己，产生内疚感。因此，丧失过程与两种抑郁体验都有一定的关系。

另外，丧失以后个体的防御过程也会加重抑郁症状。小丽在中考失败以后，为了维持好的自我，就对新环境加以贬低，导致自己的持续不适应和没有归属感，进而使自己产生更深的抑郁症状。

【家长建议】

①家长应理性对待孩子的学习成绩，不要过分夸大学习成绩不好带给孩子的影响。在孩子学习受挫的时候，避免扩大化（"你现在学不好，将来会一事无成"）、人格化（"这题也不会，你太笨了"）的评价，避免孩子形成对学习的不良认知。

②家长要看到孩子各个方面的优点，帮助孩子建立自尊心，帮助孩子整合好对自己的看法，这能让孩子更快地从失败中走出来（"这次考试虽然失利了，但爸爸妈妈觉得你非常努力"）。

③如果家长发现孩子在学习受挫以后，开始产生自我否定及持续的内疚感，建议带孩子就诊及进行心理咨询，确定是否有抑郁障碍，及时治疗能帮助孩子尽早走出困境。

（张文武）

冰火两重天

【案例】

小光是个高一的大男孩，成绩优秀，在老师、父母的眼里是个标准的好学生、好孩子。2020年因疫情在家上网课期间，连续3周都自觉学习效率低下，脑子反应迟钝，听不进去课，听着听着就走神，听过的内容记不住，有时甚至感觉脑子空白，写作业速度变慢，自我形容好像掉进冰窟窿被冻住了。后逐渐感到不开心，心情低落、压抑、悲伤，感到做什么事情

第四章 青春期常见心理问题

都没有了意义,懒得动,不想和父母说话,不想出门,对以往喜欢听的音乐、小说也提不起兴趣。晚上睡觉辗转反侧,怎么也睡不着。妈妈见其状态不佳,特意做了小光爱吃的饭菜,小光对此也毫无食欲。意识到自己状态不对劲的初期,小光还会逼着自己要坚持,逼着自己去学习,制订各种学习计划,最后这些学习计划都没能实现,小光觉得自己很没有用,现在连学习都顾不好。家人担心小光糟糕的状态持续下去影响健康,遂将他带到了医院就诊,医生考虑抑郁症,给小光配了抗抑郁药物服用。连续服用3天后,小光感觉到自己的状态大变样,如果以前是被冰雪尘封,那么现在就是浴火重生,充满能量。近一个星期,小光感到全身充满了劲,哪怕连着3天晚上没怎么睡觉都不觉得疲劳,很开心、很兴奋,轻快得好像漂浮在云端。讲话滔滔不绝,脑子也变得灵活。家里待不住,总是往外走,在外面又过分热心肠,管陌生人的闲事。到处和人要微信号,建群和人聊天。自我体验良好,爱讨论哲学,一星期能看两遍《三体》,自觉变聪明了。之后又提出要回归自然,听到人家说哪里风景好就要去哪里回归自然。后期小光觉得脑子反应越来越快,思维内容转换也越来越快,讲话也语无伦次,看到三角形就想到稳定、想到《三体》,甚至想到量子力学、哲学。小光父母看着儿子变了个人似的,每天兴奋过头,于是再次带其到医院就诊,鉴于小光上次就诊时诊断的抑郁症,医生这次将小光诊断为双相情感障碍,并建议送小光住院规范治疗,以防今后反复发作。

【分析】

小光前期在上网课期间可能因为学习压力大,逐步出现了情绪低落、兴趣与愉悦感丧失、精力下降的抑郁核心症状,并伴有注意力下降、自我评价降低(觉得自己连基本的学习都顾不好)、入睡困难、食欲下降,且这些表现是在超过2周的时间内持续存在的。初次就诊时医生由此将他诊断为抑郁症,配用抗抑郁药物治疗。小光在服用抗抑郁药物3天后病情急速转变,近1周的时间内小光感到了不可控制的兴奋,精力增加,活动过多,睡眠需求减少,思维联想加快并随环境快速转换,讲话语无伦次,自我感觉膨胀,正常的社会抑制消失,不停走出家门,到处拉人加微信聊

天,管陌生人闲事,这些都明确指向躁狂发作。考虑到小光在短短一个多月的时间里快速经历了冰火两重天,经历了抑郁与躁狂的快速转换,因此考虑双相情感障碍,目前为混合发作。

【知识点】

如同其他精神疾病,双相情感障碍的病因也未明确,研究者认为双相情感障碍亦是由基因与环境相互作用导致的。

双相情感障碍分为抑郁发作相及躁狂发作相,其中抑郁相又可分为轻、中度抑郁及伴(不伴)有精神症状的重度抑郁,而躁狂相略有不同,分为轻躁狂、伴(不伴)有精神症状的躁狂。

讲完了双相情感障碍的大致分型,我们来看看抑郁和躁狂发作时会出现怎样的表现。简单来讲,躁狂发作时会出现持续1周及以上的情绪高昂、兴奋、愉悦或焦躁,精力充沛,睡眠需求减少,思考联想变快变多,话多,吹牛,自信心大增,活动量增大,做事鲁莽,容易冲动生气,食欲增加等,可出现精神症状,如夸大妄想等。抑郁发作时则表现为2周及以上持续的情绪低落,闷闷不乐,精神不振,易疲乏,失眠、嗜睡,话变少,活动量减少,思维联想变慢变少,注意力无法集中,犹豫不决,丧失兴趣,自信心下降,食欲下降,体重减轻等,严重时可能出现自伤自杀念头或自杀行动。

经过医生的访谈、精神检查、心理测试评估,基本可对双相情感障碍做出诊断。

该精神疾病目前以药物治疗为主,主要以心境稳定剂、第二代非典型抗精神病药物为主力军,抑郁发作严重时会酌情联合抗抑郁剂。如果病情发展急且重,则会考虑无抽搐电休克治疗。急性症状控制稳定后,可以根据孩子的具体情况配合个体或团体心理治疗。认知行为治疗、游戏治疗、家庭治疗都是较好的选择。但双相情感障碍的治疗原则仍是以药物治疗为主,心理治疗及家庭卫生宣教为辅。

儿童青少年的双相情感障碍预后差于成年发病者。如发病时伴有精神症状、混合发作、共病或功能受损严重,则较难预测预后。首发抑郁症状越严重者属于双相情感障碍的可能性越大,且自杀倾向高,复发率高。因此,对于双相情感障碍的治疗一定务必规范,切不可随意中断。

【家长建议】

①情感疾病虽为高遗传疾病,但并不意味着家族长辈中有人罹患双相情感障碍,后代就一定患此疾病,因此家长平日不要过于紧张担心。

②抑郁障碍的孩子容易出现失落、习得无助、自我贬低,存在负面扭曲的认知思考方式及不良的应对方式。且孩子患抑郁障碍与家长抑郁情绪、严厉或不一致的管教态度存在关联。儿童时期遭受忽视、虐待是罹患抑郁障碍的潜在原因之一。建议家长对孩子多关怀、包容,减少专制、冷漠、批评及过度保护。

③治疗的目标是有效控制症状,以期达到症状临床治愈,防止自杀,预防复发,使心理社会功能全面康复,提高生活质量。而这些都离不开医生、孩子、家长的配合。医生可以向家长介绍治疗方案,包括药物种类、剂量、疗效、副作用、使用时间及安全性,家长可以记录孩子在治疗期间的每日情绪、相关生活事件、出现的副作用等。在好的依从性加持下,进行规范持续的治疗才能收获好的预后。

(胡长舟)

身陷猜疑漩涡的大男孩

【案例】

一名十五六岁的清秀少年在5位家属的陪护下进入门诊。家属神情紧张,讳莫如深,反复叮嘱少年"和医生好好聊聊,把你的心里话说出来""医生有办法能帮你解决问题的""别紧张,讲出来就好"。少年越听越紧张,脸色苍白,情绪被安抚之后少年和父亲留在了诊室。15岁的少年小王坐下来,蹦出一句"我没有问题,有问题的是他们",随后就不再说话。

父亲接过话头继续介绍起了小王这两个月的情况。某日在学校,小王的好友遇到一件人际冲突事件,事件的处理过程中小王和朋友站在了不同的立场,虽然事件最后得到了较好的解决,小王却开始变得疑神疑鬼。初期只是怀疑同班同学在背后议论自己,议论自己不讲义气,后续转变为坚信不疑地认为全校同学都在评论自己背叛朋友、没有义气。小王的恐慌在逐步加剧,莫名觉得身边人说的话都是自己以前说过的,同学的行为是在模仿自己、针对自己,学校小卖部的工作人员看自己的眼神有问题,同学把自己说的话录了音,家里被人装了监控,感到同学、老师甚至大街上的陌生人都知道自己在家里发生过什么事情、以前做过什么事情。走在路上别人如果看他一眼他就觉得是被嘲笑了,并且觉得别人能通过看一眼的方式获悉他内心的想法。凭空会听到他人议论"王XX做人不好"之类的负面评价性话语。人在教室坐,但能听到操场上传来同学批评自己的声音,站在学校三楼能听到一楼同学辱骂自己的脏话,回到家中则会听到楼上的邻居也在辱骂自己。小王变得情绪低落、坐立不安、紧张、容易发脾气,甚至用美工刀反复划手,不愿意去学校,不愿意出门。

小王父母早年离异,父亲在外工作,平时在老家由祖父母照顾。幼时发育与同龄人无差异,性格内向,和家人的沟通交流较少,交往的朋友圈子小。人际冲突解决后的初期小王就出现了晚上入睡困难、烦躁、紧张的症状,但家人未察觉。后期小王出现了明显的猜疑、恐慌,并伴随着情绪行为的变化,家人担心其有情绪问题,因此带其至医院就诊。

【分析】

案例中的小王在明显发病前曾出现一定的前驱症状,如入睡困难、烦躁、紧张,但因长期和抚养人沟通少,当时未被敏锐地发现。小王病前存在应激事件(人际冲突),且明显发病后存在情绪的变化,如不开心、哭泣,甚至自伤,家人由此担心小王的情绪出了问题。但纵观整个病情的发展过程,小王最为核心的异常表现是精神症状,如凭空听到被人辱骂(幻听)、莫名坚信自己被人议论评价(关系妄想)、认为自己被监控录音(被监视感)、认为他人能通过看自己而知道自己的内心想法(被洞悉感)等。

第四章 青春期常见心理问题

精神症状的持续导致了情绪的变化，小王出现自残行为，引发功能的进一步受损，如闭门不出、无法上学。因此，小王并非情绪疾病，而是存在严重的精神障碍——精神分裂症。

【知识点】

上述案例中，小王被诊断为儿童青少年期的精神分裂症。其中，起病于13岁前的为早早发性精神分裂症，在13～18岁之间发病的为早发性精神分裂症。儿童青少年的精神分裂症虽然发病率低，但相对症状功能损伤较严重，预后较成人发病者差。

人们通常会产生"为什么我们家孩子会生这个毛病""怎么会有这个毛病出来啊"等类似的疑问。对于精神分裂症，我们可以将其理解为：遗传因素与环境因素相互作用下出现的神经发育障碍。所谓遗传因素就是精神分裂症患者家族中同样疾病的发病率会高于一般人群，在环境因素的影响下多个基因协同作用导致了疾病的发生发展。环境因素则包含多个方面，如母亲孕产期遭受的不良因素（营养不良、宫内感染、吸烟饮酒、缺氧、服用药物等）、童年逆境及不良的家庭养育模式（忽视、虐待、应激事件、家庭内部情感过度表达等）等。

在上述因素的影响下，孩子或隐匿或急性发病，但不论如何，多数孩子在病前就有一定的人格缺陷或发育异常，如孤僻、存在行为问题、认知缺陷、社会适应能力差等。部分孩子在发病初期会出现一些非疾病特征性的症状：孩子像是变成另外一个人，表现冷漠、疏远、懒散、敏感、多疑，对家人不关心，不注意个人卫生等；精神萎靡不振，容易失眠，会莫名其妙地担心、烦躁、不开心，容易走神等；行为上可能也有了变化，不能如往常那样遵守课堂纪律，作业完成度下降，喜欢惹是生非，行为奇怪等。案例中的小王在发病早期就曾出现入睡困难、烦躁、紧张的症状。

病情发展进入急性期，周围的人就能较容易地发现孩子身上的一些变化。例如，有些来访的父母可能会反映"这孩子最近开始胡说八道，做事情很奇怪""哭哭笑笑，自己和自己说话，一会又莫名其妙一个人笑"等诸如此类的怪异现象。概括而言，主要是以下几个方面的异常：①感知觉

障碍。出现幻觉，通常为凭空看见不存在的物体、人（幻视），莫名听见不存在的声音（幻听），内容往往形象而具体，带有恐怖色彩。②妄想。这是一种不理性、与现实不符合但被坚信的错误观念，往往和幻觉内容有关。③思维障碍。想法不符合逻辑，联想松散，推理能力受损。④情感障碍。情感变得平淡，情绪容易波动，父母会反映说孩子最近很容易生气，脾气变大，人总是紧张、激动。⑤行为障碍。出现怪异行为、刻板动作、模仿动作，甚至攻击性行为等。⑥认知功能障碍。研究发现，儿童青少年期罹患精神分裂症的孩子在发病后智商可能减退，以操作智商下降为主，记忆、注意力、言语能力、执行能力、运动协调能力均可能下降。⑦阴性症状。包含了上述提到的思维、情感方面的障碍，以被动退缩为主，思维贫乏，情感淡漠，意志减退。例如，感到脑子里越来越空白，表情平淡，对周围的事情和刺激缺乏反映或者反映程度低，社交退缩，行为被动懒散，个人洗漱都不顾及等。并且，低智商儿童阴性症状更为多见。

该疾病的病程或长或短，与病前基础功能、起病特征、治疗等因素有关。疾病的预后与关爱程度、首次治疗疗效、起病形式、病程、治疗时间等因素有关，病前有发育延迟、性格内向退缩者预后可能较差。

【家长建议】

①对于儿童青少年的精神分裂症需要早发现、早治疗，因此家长平日要多关心、多关注孩子的情况变化，一旦发现如同上文提到的异常表现应尽早就诊。在确诊后需要配合进行持续规范化的治疗，目前治疗仍以药物治疗为主，对于难治性精神分裂症则会予以更进一步的治疗方案。对于药物治疗，家长可能会有比较多的担心，但目前给予儿童青少年的均为第二代非典型抗精神病药物，不仅副反应发生率更低，而且可以较好控制精神症状，预防复发，改善远期功能。部分家长在治疗过程中也许会自行给孩子停药，认为精神分裂症的治疗类似于感冒，症状没有了就可以停药。其实，看似症状没有了不代表病情已稳定，可能只是急性症状被缓解，盲目停药将导致病情的波动，甚至反复发作，而每发作一次，功能缺陷程度就更为严重。尤其早早发性精神分裂症发作超过1次以上的人中有80%不能

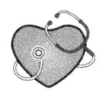

完全缓解。通常建议在病情稳定后巩固维持治疗1~2年，有些病情严重者可能需要低剂量终身服药。因此需要制订长期的治疗计划，定期复诊、复查、评估，对治疗方案进行调整，规范地减药、停药。

②部分家长出于对药物副反应的担心或对疾病的不了解，可能首先会想到以心理咨询进行治疗。但对于处在急性发作期的孩子而言心理咨询并不合适，待到精神症状控制稳定，处于巩固或恢复期时则可视情况而定地给予心理咨询，针对性地解决一些病前问题，如孩子性格内向、人际交往模式不良、家庭功能紊乱、负面应激事件等。案例中的小王性格内向，人际交往有限，病前的应激事件为人际冲突，因为和朋友站在了不同的立场，感到自责、愧疚，认为是自己背叛了朋友，可在精神症状稳定后介入心理咨询。同时，认知行为治疗、家庭治疗等均能发挥一定作用。当然也需要为家庭提供心理教育和心理支持，增强家长对疾病的认知，让家长更好地理解孩子的症状，家长需要与医务人员共同制订治疗计划，了解病情的预后，从而提高治疗的协作程度。

③很多家长会在急性病情控制后问医生："那我们家孩子还能不能上学？什么时候可以去上学？"对于患有精神分裂症的孩子，在急性症状得到控制后一般建议给予一定的休整时间，时间长度视整体功能恢复程度而定，有研究建议休整时间为1年。在休整期内除继续维持药物治疗以外，可加强体育锻炼，为孩子提供心理咨询、社交指导、生活技能训练，也可以提供社区职业技能训练，这些都可以增强孩子的心理弹性，提高孩子承压能力，使孩子学会更多的技能、加强自信，以便更好地融入社会。

④虐待、忽视、情感过度表达、关爱程度等与疾病的发生、预后存在联系。因此，建议家庭中建立合理的边界，家长要保持稳定的情绪，树立正面行为榜样，给予孩子积极的关注、稳定的抱持、适度的掌控。这样可降低发病率，获得更好的预后。

（胡长舟）

洁癖男孩

【案例】

小科是个15岁的黝黑瘦弱的男孩，来门诊的那天，小科紧张不安，走路的时候回避着父母，似乎不想和他们有任何接触。进入诊室后只坐在凳子的前1/3，手臂贴着身子放，低头轻声说话。爸爸嗓门大、脾气急，看见小科说话慢就着急地催促他赶紧回答医生的问题，妈妈表情紧张，有些话会反复说上两三遍。医生的问题小科会思索较长时间，有时甚至不愿意回答。父母见其吞吞吐吐，显现出不耐烦，你一言我一语地指责小科："你怎么回事，就这么几个问题也讲不清楚，这样很没有礼貌知不知道。"妈妈的紧张不见了，眼神里有着对小科的不满意、嫌弃。爸爸开始抱怨小科，说小科小时候就不好养，闷葫芦，为人固执，做事慢，上小学时写作业就慢，一考试卷子就写不完，因为写题的时候老是要反反复复地检查。小科成绩一直上不去，父母对此很失望。疫情之后，小科因总是反复担心自己会生病而无心学习，成绩下降很快，近半年每天都会反复多次洗手，每次都要洗上十几分钟。平时走路时害怕碰到各种东西，有时候为了和周围的物体或人避开，会出现各种奇怪的姿势，如弯腰含胸、双臂像翅膀一样半展开。怕脏，一天衣服要换两三次，一次洗澡一个小时以上，一周用完了两大瓶沐浴露，而且洗澡时不用手或者任何工具搓揉身体，只用水把沐浴露冲刷干净。只喝矿泉水，水喝过一次哪怕还剩很多也要丢弃。自己的东西每天都担心有灰尘掉落在上面，不愿意去碰触，也不愿意让其他人接触。父母对小科这些奇怪的表现感到非常愤怒，多次指责。近一个月，老师向父母反映小科在学校上课时容易走神，成绩退步较多，父母担心小科成绩再退步影响中考成绩，这才带到医院就诊。

小科是家里的独生子，妈妈产后出现抑郁，奶奶搭手和妈妈一起照顾小科。妈妈因为自己情绪不好，容易对小科不耐烦、发脾气，对小科也不够上心。加之妈妈本身就爱干净，又比较追求完美，就对小科也要求多。

第四章 青春期常见心理问题

小科3岁左右时曾因妈妈照顾疏忽而导致小腿被烫伤。后期的养育过程中，妈妈对小科管教严厉，控制较多。爸爸脾气暴躁，讲话直接，平日很少管小科，觉得小科不听话时会打骂他。小科性格内向、固执、爱干净，做事仔细，在家对父母比较顺从，在学校和同学关系疏离，没什么朋友。小科的外婆强势，觉得做什么事都不能落后，一定要自强努力，平时爱唠叨，总是希望家里人能按照自己的想法做事。小科爸爸评价妻子和丈母娘一样强势，比较追求完美，以自我为中心，情绪不稳定，容易担心。

【分析】

回顾小科妈妈与外婆的性格，推测小科妈妈在童年时期就未形成安全型依恋，导致其表现出一定的强迫性人格特征，如追求完美、容易焦虑，并出现疾病化表现——产后抑郁。小科妈妈带着自己的非安全型依恋、性格特征、情绪疾病与小科爸爸的粗暴性格相融合，加之小科的气质类型偏向于迟缓型，由此产生了消极的亲子互动和问题养育模式。小科和妈妈、爸爸都无法建立安全型依恋，并且小科也出现了一部分强迫性人格的特征。妈妈对小科情感忽视、缺乏耐心、忽好忽坏，难以敏锐地察觉小科的需求，也不能及时回应，控制多且严厉，爸爸不关心小科，甚至会打骂小科，这些都导致小科的自我存在感、自我价值感没能正常发展，使小科对外界缺乏信任，没有安全感，没有建立安全稳定的情感联结，对外界环境和人缺乏安全边界意识。小科只能顺从父母，压抑情感，和人疏离，对自我要求高，做事仔细，反复检查，以此隔离保护、安抚自己，应对可能失控的内外环境对自己的威胁。父母对其成绩在意，成绩不佳就表现失望，因此小科也很在意成绩，成绩下降让其愧疚，出现罪恶感。疫情之后，小科对于健康安全的防线崩溃，逐渐失控，更为焦虑，反复担心自己会生病，成绩因此更进一步下降，愧疚感、罪恶感加重。小科觉得是健康问题引发了自己成绩下降，为了缓解愧疚感和罪恶感，小科认为自己不能被传染、不能生病，因此出现反复洗手洗澡、水只喝一次等类似洁癖的行为，以此确保自己的健康。但父母不能看到小科的困难，不能理解他的行为，小科也不会主动表达，最后招来父母的指责，小科就更加愧疚自责。而父

母后期因为老师反映小科成绩下降，担心影响中考成绩才带其就诊。这在小科看来更加印证了成绩才能带来自我价值感、证明自我存在，让小科更认为自己需要保持清洁行为，强迫行为得以维持。

【知识点】

儿童青少年的强迫性障碍是儿童青少年期出现的以强迫观念和强迫行为为主要症状的伴有焦虑情绪和适应困难的一种心理障碍。

经典的精神分析认为强迫性障碍产生于肛欲期，是自我调节本我与超我之间的冲突的结果。个体通过强迫症状试图缓解肛欲期驱力要求和严厉超我之间的冲突。在这个过程中，个体的自主性和控制感得以体现，并能够完成对现实的适应。目前也有观点认为强迫性障碍是气质、依恋和社会环境相互影响所致。一个具有先天遗传倾向的孩子，在早期养育过程中形成了非安全型依恋，在问题养育模式的教养下，遭受某应激源刺激后出现症状。

孩子的气质分为容易型、困难型和迟缓型。容易型孩子生活规律，易适应新环境，经常表现正向情绪，好奇，爱玩游戏，容易得到大人的关爱。困难型孩子生活没有规律，情绪不稳定，易烦躁、吵闹，在新环境中易退缩和激动，适应较慢。迟缓型孩子则适应环境缓慢，会表现出安静和退缩，通过爱抚和教育会慢慢活跃。

依恋是亲子之间形成的一种亲密的、持久的情感关系，分为4种类型：安全型依恋、抗拒型依恋、回避型依恋和紊乱型依恋。安全型依恋的孩子把妈妈作为安全基地，会独自探索，妈妈离开时会不安，但妈妈返回时，他们会有温暖的回应，感到压抑时会寻求身体接触缓解压力。抗拒型依恋的孩子难以主动探究周围环境，妈妈离开时会压抑忧伤，返回时又难以获得安慰，实际上他们抗拒妈妈的安慰和接触，对妈妈缺乏信心，不能把妈妈作为安全基地。回避型依恋的孩子则是在妈妈离开时很少抑郁，返回时也不主动接触，甚至当妈妈想主动引起注意时，表现冷漠，回避亲密行为。紊乱型依恋的孩子是最不安全的，混合了抗拒型与回避型，这类孩子对于是接近还是回避妈妈犹豫不决，当妈妈回来时，可能会不知所措，或者因为妈妈的接近而突然跑掉,可能会在不同的场景中同时出现抗拒型或回避型的行为表现。后三者均为非安全型依恋。

照顾者抚养的敏感性与孩子自身气质相互作用从而对依恋产生影响。抚养的敏感性决定产生的依恋是否安全,孩子的气质决定非安全型依恋的类型。敏感的照顾者会根据孩子的气质调整抚养方式,对孩子有积极的态度,敏感地回应他们的需求,建立同步互动,为孩子提供愉快的刺激和情感支持,孩子从互动中体验到舒适愉悦,就可能形成安全型依恋。而压力过大或呆板的照顾者无法适应孩子的气质,不能调整自己的抚养方式,因此容易使孩子形成非安全型依恋。

孩子在与照顾者的互动中会形成一种内部工作模式,即对自我和他人的一种认知表征。敏感、反应及时的照顾会让孩子认为他人是可依靠的,使孩子形成对他人的积极的工作模式;不敏感、忽视甚至虐待的看护容易导致不安全感和缺乏信任,使孩子形成对他人的消极的工作模式。而孩子则会因为自己能够获得回应、关注和安慰对自我产生积极的工作模式,反之则产生消极的自我工作模式。对他人和自我的工作模式是决定产生安全型或非安全型依恋的内因,是相对稳定的。因此依恋关系的质量具有相对稳定性,对孩子有持续的影响。而能够为孩子提供安全型依恋的照顾者往往在童年时受到温暖而敏感的照顾,有着对他人和自我的积极的工作模式,可见有关依恋关系的工作模式会在代际间传递。

依恋关系是无法转变的吗?不,答案是否定的。因为产生依恋关系的内部工作模式是相对稳定的,但并非不可改变。当孩子与照顾者、亲密朋友、配偶等之间的关系改变时,内部工作模式会随之产生变化,依恋关系亦会出现变化。

因此,我们认为通过提高照顾者的敏感性可改变养育模式,从而使内部工作模式出现转变,孩子的气质、依恋关系亦会由此产生变化,并相互影响,最终疗愈儿童青少年的强迫性障碍。

当然对于儿童青少年的强迫性障碍还有许多其他治疗方法。个体及团体的认知行为治疗、暴露和反应阻断疗法、精神动力方向的治疗、家庭治疗等都可从不同的角度为强迫性障碍提供治疗。若强迫症状严重或有其他

共病，如抑郁障碍、抽动障碍、注意缺陷多动障碍等，则需要介入药物治疗。对于难治性强迫性障碍，可考虑药物联用、药物与心理咨询结合、更进一步的无抽搐电休克治疗或经颅磁刺激治疗。

【家长建议】

①看护者若未曾建立安全型依恋或自身存在情绪问题、其他疾病，则往往不能提供敏感的抚养方式，容易与孩子建立非安全型依恋，建议看护者照顾好自己，调整自身问题。

②家长需要能够敏锐地看到孩子的情感、生理需求，给予积极的关注、回应，对孩子多些包容，保持边界，减少不必要的控制。

③通常孩子的依恋对象为妈妈，但爸爸作为看护者，其实也能成为孩子的安全基地。半岁以后，很多孩子也能够和爸爸形成安全型依恋。和爸爸形成安全型依恋的孩子在儿童青少年期会有更好的情绪自我调节能力和社会交往能力，会较少出现问题行为及犯罪行为，与妈妈间的非安全型依恋的负面影响也能得到缓解。因此，建议爸爸积极介入孩子的抚养，增加和孩子的互动，常常和孩子进行一些有趣的游戏活动。

④患有儿童青少年强迫性障碍的孩子的家长可能对痛苦的忍耐度低，难以为孩子树立冷静应对困境的榜样。在对孩子进行认知行为治疗时，这样的家长存在拒绝治疗的倾向，可能在看见孩子因痛苦而无法遵循治疗时做出让步，甚至参与到孩子的强迫症状中，协助孩子完成强迫行为，满足孩子与症状有关的要求，或帮助孩子回避可能诱发强迫症状的情境等，即出现家庭顺应性。家庭顺应性反而会强化强迫行为、回避行为，虽能短暂性缓解孩子的焦虑，却也降低了治疗动机，影响预后。因而建议家人参与到治疗中，可考虑进行基于家庭的认知行为治疗。

⑤如果孩子症状严重，出现合并疾病，请不要抗拒药物治疗，要及时就诊，这能为孩子带来更好的预后。

（胡长舟）

第四章 青春期常见心理问题

做噩梦的男孩

【案例】

小林是一个男孩，在父母的陪同下来看医生。小林的成熟超过了他的年龄，来到诊室的第一件事情，就是把椅子挪到门边，坐在了离父母和医生最远的位置。然后，小林老练地讲起了他的困扰："这个暑假玩爷爷手机的时候，我看到了不好的东西，"支吾了一会，医生正在猜想小林是不是看到了少儿不宜的画面，小林继续吞吞吐吐地说了起来，"屏幕跳出了一个生存游戏的弹窗，我忍不住玩了几次。最近我总梦到自己在攻击别人，而且是女人。这两天连白天脑子里也会想到这些画面，我有点害怕控制不住自己，会不小心伤害了别人，所以医生你有没有消除记忆的办法呢？"医生注意到小林很紧张，在讲话的时候不停地眨眼，而且时不时有翻白眼的动作。

小林的父母担心小林是不是被网络游戏影响了，而医生觉得这不过是一个外部的偶然因素。医生开始询问父母中谁会比较细致，然后妈妈开始说她对小林的养育过程："我的确是一个完美主义的人，对孩子的养育比较细心，所以也容易担心，有时孩子太吵了，我有点暴躁。小林母乳喂养到1岁的时候，我故意出差了1周，回来时我发现他瘦了很多，又喂奶喂到他2岁出头才断的奶。3周岁半的时候，我家二宝出生了，他挤在床上我太累了，所以让他和爸爸去睡，那一段时间他的情绪很不好，常常不要去幼儿园，当时被我狠狠打过几次。4岁的时候，当时因为眼睛多眨、摇头和耸肩，去过省儿童医院，医生告诉我这是抽动症，可能与紧张有关。"妈妈说到这里有点内疚。

【分析】

小林的临床诊断是：①抽动障碍；②强迫性障碍。抽动症状表现为不自主地眨眼、翻眼、摇头等，时间超过1年，属于慢性抽动障碍；强迫性

症状表现为重复的攻击想象,并在抵御这些想象时有明显的痛苦感。

小林从小就呈现很多焦虑的特征,表现为断奶困难、分床困难,也曾经有过不愿上幼儿园的表现,并且当前的抽动障碍与强迫性障碍都与焦虑情绪有关。究其原因,首先,这与妈妈的焦虑情绪有关,妈妈本身有追求完美的个性,在孩子出现问题的时候容易急躁,这会带给孩子不安全的感觉。其次,小林在妹妹出生以后,被强行和妈妈分床,妈妈要照顾两个孩子,自然会把原来只属于小林的关爱部分转移到了妹妹身上,小林虽然在平时表现得非常懂事和独立,但潜意识中会存有对妈妈和妹妹的敌意、愤怒。这种被压抑的愤怒和攻击的冲动被偶然的情景(游戏和暑假不情愿被带到乡下爷爷家)所激发,先出现在梦中(梦中攻击对象也是女性),而当冲动的想象出现在意识层面的时候,小林害怕自己不能承受冲动的后果(伤害所爱的人及被惩罚),便形成了强迫症状。

医生告诉小林:"你其实非常爱你的家人,你不用担心你会伤害他们,每个人脑子里都会胡思乱想,他们不会责怪你的想法。"

【知识点】

如果学龄前出现抽动症,那么常常在后期会同时出现强迫症状,这种情况多见于男孩。有抽动的强迫性障碍,与没有抽动的强迫性障碍有些区别。前者的强迫观念主要与攻击想象、性想象(如担心控制不住冒犯异性)、宗教想象有关;而没有抽动的强迫性障碍,主要与安全问题(如反复检查门是否关好)、健康问题(如反复洗手、害怕细菌侵入)有关。

抽动障碍和强迫性障碍在遗传上联系非常紧密,患有这两种疾病的孩子的父母中的一个人有很高比例具有过分完美、过分细致、过分严格的性格特点,甚至达到强迫性障碍的诊断标准。父母的特征也会通过养育方式影响到孩子的心理发展。弗洛伊德的精神分析理论提到,到肛欲期,男孩从和母亲的二元关系进入到家庭的三元关系,意识到家庭中还有父亲的存在,母亲有部分属于父亲,而不仅仅属于他一人,会产生攻击父亲、霸占母亲的冲动,但当意识到这种冲动的后果会被强大的父亲惩罚时,便会把这种冲动通过合理的方式象征地表达出来,如用玩具手枪做射击父亲的动作,这就是我们所说的俄狄浦斯情结。而肛欲期正是训练孩子如厕和规范行为的时候,这时如果父母采用过分严厉、过分指责的方式要求孩子,可能会让孩子出现抽动症状,或者使孩子的攻击冲动被压抑在潜意识中,导致后来的强迫症状的出现。案例中,小林的攻击对象虽然是妈妈和妹妹,但也有相似的心理机制。

【家长建议】

①虽然培养孩子的行为规范非常重要,但家长要同时考虑到孩子的心理特征。在孩子不超越底线的情况下,规则要有适当的弹性,否则孩子将来会形成过分古板、谨慎的性格特征。

②即使再完美的家长,在自然的养育中也总有不足,就像对孩子照顾再好,也有离开一会儿的时候。家长要包容、允许孩子向自己表达适度的愤怒。例如,当孩子说"妈妈不好,爸爸不好"时,家长不要将孩子的行为定义为不礼貌、不懂事,也不要严厉制止孩子。对表达有困难的孩子,家长需要敏感地识别,替孩子表达出来,并安抚好孩子的情绪,可以说:"妈妈和妹妹睡一起,你是不是感到有点生气,妈妈只是觉得你长大了,爱你的方式会跟原来不一样。"

③抽动障碍与强迫性障碍共病的时候,病程比单纯的强迫性障碍往往更容易迁延、持续。孩子会有强烈的痛苦体验,从而影响孩子的日常功能和心理功能,需要药物及心理相结合的综合干预,建议及早至儿童心理专科就诊。

(张文武)

为成绩不理想而崩溃的男孩

【案例】

小范,男,16岁,父母均系大学教授。自2岁起父母便发现其好动、

难以安坐、从不午睡、精力充沛、急躁、没耐心、易发脾气，父母养育疲倦感明显。幼儿园期间，与同伴冲突多，父母积极引导、教育。入读小学后，同学关系一般，偶有冲突，尽管老师感觉其没在听课一直在玩文具，但提问时发现其知识点掌握尚可，在家做作业亦边玩边做，但学习成绩一直居班级前3。1年前考入某重点高中，第一学期班级排名中段，小范失落感很强，告诉自己必须冲进班级前3。第二学期伊始，小范除了学习、睡觉基本没有娱乐，成绩虽有进步，但也只是在第10名左右徘徊。小范发现已无时间可用，只能通过提高学习专注度来提高学习效率，但说起来容易、做起来难，小范上课总会不自主跑神，为此越来越厌恶自己。期中考试后，小范时常感到压力紧绷，专注学习时更明显。近期，小范苦于课堂上无法自控专注，课后便立即冲出教室，用手猛捶墙，致右手食指骨折。

后在老师推荐下前来就诊，小范说自己以前上课、做作业时都是一边玩（如抖腿、玩手指等）、一边听/做，成绩也一直很优秀，所以根本没当回事。但高中学习难度加大，自己学习效率及成绩下降，因此时常感觉压力紧绷。捶墙是因为几近崩溃，捶后觉得很放松。原来小时候也有类似体验，即预感无法掌控当时情境时会情绪失控，事后懊恼后悔，为此有时会回避需要团队合作的活动。小范承认自己因无法全力以赴学习、成绩不理想而感到压抑，迫切想了解自己为何会这样，担心未来再发生类似情况，否认持续的担心、不开心。

【分析】

小范自2岁时便好动、难以安坐、从不午睡、精力充沛、急躁、没耐心、易发脾气，读书以来，上课、做作业时难以专注，情绪管理困难，推测智力偏高，因而代偿了其部分认知功能，学业受损不明显。随着年龄的增长，小范好动不再明显，而难以专注、情绪管理困难始终存在，推测小范存在注意缺陷多动障碍。

注意缺陷多动障碍的三大核心症状为多动、注意力不集中及冲动，随着年龄增长，多动会逐渐减轻甚至消失，而以注意力不集中及冲动为主。但每个孩子会根据发展、个性、家庭环境等有不同的表现。例如，小范呈现出难以专注的苦恼及崩溃式的情绪发作。

【知识点】

注意缺陷多动障碍是一种常见的慢性神经发育障碍，起病于童年早期，影响可延续至成年期，其主要特征是与发育水平不相称的注意缺陷和（或）多动、冲动。我国儿童注意缺陷多动障碍患病率为6.26%（约2300万人），平均一个班有2~3个孩子患病，男女比为4∶1，60%~80%可持续至青少年期，50.9%持续至成年期。注意缺陷多动障碍影响认知、学业、行为、情绪和社会功能，症状随时间而变化，可能持续终身。

当出现下列情况时，应启动对4~18岁儿童青少年的注意缺陷多动障碍评估：孩子的持续注意能力、活动水平、抑制冲动能力不足；难以保持有组织性、计划性的活动；在社交、遵守规则、调整行为、控制情绪方面存在困难。不同年龄阶段注意缺陷多动障碍的症状线索如表4-1所示。

表4-1 不同年龄阶段注意缺陷多动障碍的症状线索

年龄阶段	注意力不集中症状	多动症状	冲动症状
学龄前	容易转移注意力，似听非听	过分喧闹和捣乱，不好管理，惹人厌烦	明显的攻击行为，经常惹祸
学龄期	不能完成指定任务，容易转移注意力	不安静/好动，烦躁，坐立不安，话多	好发脾气，自制力差，难以等待按顺序做事情，言语轻率
青少年期	做作业效率低，自己感到难于集中注意力	主观上有不安宁的感觉	对一些不愉快的刺激做出过分反应

前面的案例已详细描述了儿童期注意缺陷多动障碍的主要表现，这里不再赘述。这里我们详细介绍一下青少年期注意缺陷多动障碍的常见表现。

注意力集中困难是青少年期注意缺陷多动障碍的突出表现。这些青少年常不能排除周围环境中一些正常青少年可以忽略的听觉或视觉刺激，在试图集中精神干一件事时难以排除内部思维的干扰，感觉思维在飘浮或跳跃，似乎整天都在做白日梦。听课、做作业时不能全神贯注，和他人交流时显得心不在焉。由于这种思维随时都存在，所以患有注意缺陷多动障碍的青少年往往需要避免压力较大的任务。

青少年期的多动主要表现为在需要静坐的场合下做一些小动作。例如，在桌子上敲手指或拿着圆珠笔转圈，腿在桌子底下不时摆来摆去，做作业时常喜欢站着或来回走动。在允许自由活动的场合，这些青少年往往表现出过多的行为。例如，爱多嘴多舌，干扰他人谈话，突然插入伙伴活动中等。他们易于兴奋，会发出不合时宜的大笑，开玩笑时不考虑他人感受。他们常感到内心不安宁，不能静下心来做好一件事。

患有注意缺陷多动障碍的青少年在交谈或行动前常常不假思索，不考虑后果，全凭冲动行事，对刺激的反应强，并且不易从失败中吸取教训。他们的情绪极不稳定，对一些不愉快的刺激会做出过分反应，如骂人、打架等。

【家长建议】

改善核心症状、减少行为问题及优化功能表现是注意缺陷多动障碍的治疗目的，治疗分为药物治疗和非药物治疗。非药物治疗包括心理教育、行为管理、认知行为治疗、人际心理治疗、家庭治疗、学校干预、社交技能训练等。

家庭作为孩子成长过程中最重要的环境因素，对注意缺陷多动障碍的发生、发展结局都具有重要影响。家庭主要养育人理解孩子哪些问题是注意缺陷多动障碍引发的、知道该如何支持孩子并引导孩子发展尤其重要。家长培训被列为学龄前注意缺陷多动障碍的一线治疗、学龄期注意缺陷多动障碍不可或缺的治疗成分。积极的家长教养方式对注意缺陷多动障碍患儿身心健康至关重要。

当然，注意缺陷多动障碍是一种多因素疾病，由遗传因素、社会因素和家庭环境因素等共同影响。当孩子疑有注意缺陷多动障碍症状时，还是需及时求助专业人员，寻求系统治疗。

（程芳）

第四章 青春期常见心理问题

沉迷游戏的孩子

【案例】

小涛,男,13岁,初一学生,因控制不住玩手机、冲动易怒1年由母亲带来就诊。小涛进入初中后学习任务较多,难以完成很多背诵的任务,学习成绩下降。母亲不断催促其学习,这让小涛感到非常烦躁,想要通过玩游戏来放松。后发现自己游戏打得不错,只要花时间排位就能进步,而学习上花时间也不能有立竿见影的效果,自觉自己在游戏中很牛。因为想要停止母亲对自己的唠叨,就通过对母亲发脾气甚至打骂母亲来控制和母亲的关系。希望父母离婚,自己和父亲生活,这样就没有人管自己了。胁迫父母给自己买手机,不然就不去上学,在得到手机后整日沉迷于游戏,不写作业,晚上要凌晨一两点才睡,白天上课时经常呼呼大睡,经常被老师批评、责备,考试成绩垫底,自觉丢脸,干脆就不去上学了,在家里躺着玩手机,点外卖,不理睬父母,谁管他他就要打谁,不关心自己的学业。

小涛是家中独子,自幼发育与同龄人相当。但从小精力旺盛,冲动顽皮,行为难以控制,爱吹牛,喜欢打断别人说话,难以按照计划写作业,经常因为多动和注意力不集中被老师罚站。家人觉得是性格特征,未带其就诊。需要母亲一直坐在他身边盯着他学习,不然作业无法完成。到了青春期,注意力不集中、冲动、易怒、话多等症状仍持续存在。在学校里和同学、老师相处时脾气尚可,喜欢和女生玩,喜欢被女生照顾,为人大方,会买东西及文具送给同学,乐于助人,把自己塑造成一个"富二代"形象。

父母感情不和,母亲比较焦虑、唠叨、爱过度控制,关注孩子的缺点,挑剔丈夫的缺点,和公婆关系紧张,家中经常争吵。小涛主要由母亲抚养,母亲对其关注较多,管理较为仔细,到了青春期还是将小涛当成小学生一样镇压,自觉现在镇压不住。小涛觉得只有用强硬的方式才能阻止

母亲对自己的批评、指责和唠叨，好好商量都是没有用的，母亲是不会停下来的。父亲一直在回避家庭矛盾和对孩子的管理，总是自顾自玩手机游戏，像个局外人一样，有时父母争吵后父亲会用自伤的方式让妻子停止和自己的争吵。父亲不与外人交往、话少，家里的事情都由妻子去处理，生活也需要母亲和妻子的照料。

【分析】

小涛在儿童期患有注意缺陷多动障碍，到了青春期症状无明显改善，又共病了游戏成瘾。此类情况比较常见，所以当孩子被确诊为游戏成瘾后需要追问其幼时的生长发育史，看看是否共病发育，同时需要评估其家庭功能、父母养育方式，评估孩子是否存在对立违抗障碍及是否存在情绪问题。当二者共病时需要同时治疗，当注意力缺陷、多动症状改善后冲动控制症状才会好转，情绪才会趋于平稳，对手机的过度使用可能才会被控制，之后的个体心理治疗、团体心理治疗及家庭心理治疗可能才会有效。所以，需要找出网络成瘾的诱因，可能是发育的问题、情绪的问题、同伴关系的问题及家庭的问题相互作用，使孩子习得了不恰当的应对方式，如回避、幻想、合理化等，从而使现实问题无法得到解决，困难越来越多，当压力更大时孩子选择用更多的时间进行游戏以回避现实问题，进而恶性循环。

小涛早期存在发育的问题，而家庭关系的问题、母亲自身焦虑情绪的问题使小涛更加无法被母亲很好地理解、关爱到，母亲问题取向的关注方式、严厉批评指责的教养方式，让本就冲动、自卑的小涛为了获得自主掌控感而去对抗母亲。因在同学面前没有自信，小涛只能通过吹牛的方式满足自己，把自己塑造成一个聪明、懒惰的"富二代"形象。当现实中学业受挫后即回避上学，选择在虚拟的游戏世界里寻找存在感，觉得什么都没有这里的自己牛，有明显的开心体验。所以，对因玩游戏耽误的学业也不管不顾。

第四章 青春期常见心理问题

【知识点】

游戏障碍泛指有问题地使用电脑、智能手机等网络设备。主要表现为：①专注于游戏；②不能游戏时出现戒断症状；③出现耐受，需要花费更多的时间去游戏；④尝试控制游戏但失败；⑤因为游戏对以往的爱好和娱乐（除游戏外）失去兴趣；⑥尽管知道出现了社会心理问题，仍继续过度游戏；⑦在游戏程度、时间等问题上欺骗家属或他人；⑧通过玩游戏来逃避或减轻负面情绪；⑨因为玩游戏危及或失去重要的人际关系、工作等。在更严重时，游戏行为会倾向于取代正常或预期的社交和家庭活动，可能导致学业失败、工作失败或婚姻失败。

男性的患病率大于女性，患病比例至少为 2∶1，青春期是发病的高危期。容易网络成瘾的人的人格特征如下：高冲动性、自卑、缺乏责任心、容易害羞、敏感、高拖延倾向。此外，还有可能存在不随和、过分内敛、孤僻和自恋等特征。其中，冲动性对行为模式的发生和维持起重要作用。游戏动机主要为以下 7 个方面：社交（认识人，与他人一起游戏）、逃避（逃避现实困难和负面情绪）、竞争（击败对手获得成就感）、应对（应对痛苦和提高情绪）、技能发展（提高协调能力、专注能力或其他能力）、幻想（在幻想的世界中尝试新的身份或实现在现实生活中无法完成的愿望）及娱乐（通过游戏来放松）。逃避动机是游戏障碍的最强的预测因素。

游戏障碍与情感障碍、焦虑障碍、冲动障碍及注意缺陷多动障碍的共病率高。游戏障碍者在冲动和注意缺陷多动障碍方面较非游戏障碍者严重。随着时间推移，其社交能力降低，更容易出现注意力不集中、抑郁和焦虑，而注意力不集中和社交不良是预测游戏障碍加重的因素。游戏障碍可引起睡眠不足、工作表现不佳及运动减少等后果，且会随着病程迁延而加重。

【家长建议】

①容易网络成瘾的孩子在幼时往往被过度溺爱，家庭中没有明确的规则，或者当孩子哭闹后规则就随孩子了。有些家长感情不和，双方观念不同，对孩子的要求也不同，家庭的规则都是混乱的，一个人一套规则，孩

子无所适从，孩子内心也就是紊乱的、没有安全感的，孩子就会喜欢突破边界和规则。往往这些孩子很晚才和母亲分床、分房睡觉，胆小的同时又很"巨婴"，比较自我，希望被看见强大的自己，渴望被人赞美。如果现实中达不到，他们就可能会到网络的世界里去寻找成就感，不惜花费重金买游戏装备，炫耀自己，并忽视因此带来的现实困难。家长需要找到夫妻之间和睦相处的方法，家庭成员要一起讨论一套统一的家庭规则，规则需要全部家庭成员都遵守，而不是只要求孩子遵守。适时完成分离个体化过程，在孩子5~7岁时完成分房睡，小学阶段让孩子开始自己的学习用品自己整理。家长可以在孩子做完作业后检查作业的完成情况，而不是一直坐在身边盯着孩子写作业，如果孩子学习上有不负责任的行为，需要自己承担被老师批评的后果。

②在养育方式上，应以民主的养育方式培养孩子的独立思考能力、情感表达能力和行为控制能力，促进孩子形成积极的压力管理及应对策略是减少网络成瘾的有效途径。要改善家庭功能，特别是夫妻关系、亲子关系，营造一个温情、和睦、理解、宽容、平等、不带评判、可以进行讨论交流的家庭环境。帮助孩子提高人际交往的能力，鼓励孩子参与集体活动，培养孩子一些体育运动类的兴趣爱好，如乒乓球、篮球、足球、羽毛球等，促进孩子与同伴进行合作和交流，同时锻炼孩子意志力，使其能承受竞争压力。

③对孩子使用手机、网络及电子产品的时间和项目设定限制。例如，小学生在做完作业后如果时间充裕，可以玩半个小时的电子产品；初中生每天手机使用时间不能超过2个小时，且需要在完成课后作业后进行；晚上10点后手机需放在一个固定的位置，而不是放在孩子的卧室；设置孩子的睡眠时间。当孩子违反限制时可以有适当的惩罚措施。例如，第二天手机使用的时间被扣除。

④如果存在共病问题，如明显的注意缺陷多动障碍、焦虑情绪、抑郁情绪、行为问题等，则建议去专科医院就诊，进行规范的治疗。

（胡莎莎）

第四章 青春期常见心理问题

狂吃狂吐的少女

【案例】

小敏，女，17岁，高二学生，个性内向、要强，喜欢追求完美。2年前身高168cm、体重68kg，目前身高168cm、体重43kg。父母均为老师，管教严厉，小学至初中小敏成绩优秀，但父母很少肯定小敏，总指出小敏的不足，喜欢说要是能怎么样，可能会更好。2年前升入某重点高中后，无论小敏如何努力，班级排名最多中段，有时倒数，小敏为此苦恼不已。有时，家人及同学会开玩笑说其肥胖。为了让周边人看到不一样的自己，小敏决定减肥，主要方式是节食和运动。例如，早餐是一片全麦面包，中餐是一份素炒菜（从热水中涮了后吃），晚餐是一个苹果，同时每天坚持运动1个小时（跑步、跳绳、转呼啦圈等）。严格坚持1月后，小敏开始对食物有种失控感，一看到食物，大脑中就会出现持续1个小时的心理斗争（一个声音说：我特别想吃；另一个声音说：你吃了就会肥，以前挨饿的痛苦就白熬了）。几乎每天称体重，如果哪天体重增长了，就会特别痛苦崩溃。一次小敏实在没忍住，吃了一个冰淇淋，晚上称体重时，发现增加了0.1kg，便内疚不已，后突发奇想地吐掉刚吃进的食物，认为这样就可以既解馋又不增肥。此后小敏便进入断续节食、暴食—诱吐的行为模式，1年后便达到自己的理想体重45kg。为了维持住理想体重，暴食—诱吐行为越来越严重。小敏想反正都是吐，吃爽了再吐岂不更好，因此每次都会吃到撑，休息半小时后再用手扣吐出来。逐渐地，小敏暴食后很难有饱腹感，吃得越来越多，有时撑得厉害，休息时间过长，吐时已经吸收了很多热量，小敏体重一度反弹了3kg。此后小敏减肥方式更加苛刻，早上吃一个鸡蛋，中午生吃一根黄瓜、一个西红柿，晚上则基本处于完全失控状态，暴食—诱吐行为最多可达3轮，可持续4个小时（吃了吐、吐了吃、吃了吐……无限死循环）。

近1年来，小敏体重一般在40~48kg徘徊，月经时有时无。父母多次劝说小敏就医，小敏多次保证一定会控制，父母无奈只能选择相信，但之后小敏便拒绝父母进入自己的房间，如果发现父母私下进去过，便发脾气、摔砸物品。半年前，小敏一次暴食后突发急性胰腺炎，此后父母强行带其就医，拉开了小敏与父母的"战争"。小敏变得越来越自私、易怒，父母与小敏相处时不得不小心翼翼、低声下气，只愿小敏能回归正常的饮食模式。

【分析】

小敏个性内向、要强，凡事追求完美，父母均为老师，对其要求高、管理严、肯定少、指责多，这些滋生了小敏的低自尊。进入高中后，小敏难以适应，学习排名不靠前，加之同学说其肥胖，这些激发了小敏的低自我价值体验。为了让别人看到不一样的自己，小敏开始加入节食减肥行列，为了所谓的双赢而逐渐衍生出狂吃狂吐的进食模式。再后来，小敏的健康状况越来越差，亲子互动模式颠倒（由父母主导转为小敏主导），小敏个性改变……

相信大家听过厌食症，但小敏狂吃狂吐的模式并非厌食症，而是另一种进食障碍——贪食症。小敏的低自尊、完美主义的个性特征，幼时父母的高控制与青春期小敏的反控制，被同学嘲笑肥胖的压力等都是小敏贪食症的高危因素。

【知识点】

1. 概念

进食障碍高发于 13～20 岁的年轻女性，是以进食行为紊乱为主要特征，对食物、体重、身材过度关注，伴随生理和心理负面后果的一组综合征。其中，心血管意外、肝肾功能损害、低血糖、低血钾等并发症可导致严重后果甚至危及生命。进食障碍主要包括神经性厌食和神经性贪食。神经性厌食常见于年轻女性，死亡率高达 5%～15%，是所有精神疾患中死亡率最高的。

①神经性厌食，即厌食症，是一种通过严苛极端的节食方式使体重明显低于正常水平，并导致身体生理机能受损的一种进食障碍。

②神经性贪食，即贪食症，是以反复发作性暴食并伴随防止体重增加的补偿性行为为主要特征的一种进食障碍。暴食补偿行为是神经性贪食的主要表现形式，即暴食后通过诱吐、导泻和过度运动等方式抵消所摄入食物的能量。

2. 病因

进食障碍是复杂的多因素疾病，目前其病因仍未完全阐明，但可以确定其病因与生物、心理、社会文化因素密切相关。进食障碍的心理环境因素十分复杂，个人、家庭和社会层面的因素都对进食障碍有着不可忽视的影响，关于家庭因素的研究最多，家庭内部环境和亲子关系可能是影响进食障碍的重要因素。

①家庭因素：教养方式是进食障碍的重要影响因素之一，过度干涉的教养方式是进食障碍的危险因素，积极温暖的教养方式是保护因素。父母应尽量避免过度干涉孩子发展的行为。异常的家庭关系导致成长关键期（如青春期）的孩子的需求难以得到满足，心理发展受到阻碍，以致孩子无法养成有效应对困难和危机的能力，这与进食障碍也存在一定相关性。

②个人因素：情绪、人格、认知等心理方面因素影响着进食障碍的产生和发展。在情绪方面，进食障碍患者抑郁、焦虑等消极情绪水平高。在人格方面，他们具有高神经质水平和低自我定向性的人格特征，如低自尊、完美主义，他们难以处理与父母的关系，难以表达负面情绪。在认知方面，他们也有对自身形象的不正确认识。

③社会因素：社会主流文化与社交媒体过于推崇以瘦为美，与进食障碍正相关。

3. 治疗

进食障碍的临床治疗相当困难，目前针对进食障碍主要采用包括营养治疗、药物治疗、心理治疗等在内的综合性治疗。其中，对于青少年进食

障碍患者,家庭治疗的循证证据最多,因此家庭治疗被推荐为青少年患者的首选治疗方法。

【家长建议】

进食障碍的临床治疗比较棘手,需及时求助专科医生及心理治疗师。

家长应了解进食障碍的相关知识,回顾孩子进食障碍的发生和发展,理解进食障碍是多因素疾病,避免简单归因造成的自责或他责,理清哪些因素是可以改变的,不要陷入对病因的纠缠和无意义的讨论。

(程芳)

时常断片的女孩

【案例】

小娜是一个高中二年级的学生,因反复担心自己会失忆、担心自己在失忆的时候做出伤害别人的行为前来就诊。2个月前在一次上课时,小娜突然拿起书包砸在前排同学的身上,事后小娜不能回忆刚刚发生的事情。后来类似的失忆情况多次发生。例如,一次莫名其妙地大骂同学,一次在吃饭时发脾气把饭菜倒在地上。老师和父母事后询问,小娜都表现得很茫然。

小娜3岁时父母离异,后一直和妈妈生活在一起。妈妈对小娜的期望很高,也非常严格。虽然一个人带着孩子,经济条件有限,但在教育的投入方面妈妈不遗余力,让小娜参加各种培训,包括主持、舞蹈、英语等。小娜也从小乖巧,总是让妈妈满意。多才多艺、品学兼优的小娜也总能得到老师的青睐,从小学到初中一直担任班级班干部,现在担任着班级里的副班长。

诊室里,妈妈反复强调小娜从小就是个优秀的孩子,小娜出现的情况让妈妈很难接受,妈妈显得非常伤心。妈妈反映自己和孩子爸爸离婚的部分原因是婆家的重男轻女,生了女儿以后,婆家明显对自己一家的态度不如对有男孩的叔伯家,而孩子爸爸也不能站在她的角度维护她。妈妈反省:"自己给孩子的压力是不是太大了,太想通过女儿为自己争口气了。"

因为医生感受到妈妈的情绪让小娜感到内疚和难以表达,因此,医生暂时让妈妈离开诊室,开始了和小娜的交谈。小娜告诉医生,其实她并没有妈妈所说的那样优秀,因为妈妈非常好面子,所以她只能表现出好的样子。每次她考试成绩不好的时候,妈妈就会生气,掉眼泪,胃痛,这让她不敢争辩。因为家里条件不好,她也不敢向妈妈提出买裙子、买鞋子的要求。进入高中以后,小娜的成绩其实不像初中的时候那么稳定,和妈妈的冲突增加了。另外,因为担任班干部,在管理同学的时候,有些同学会说她多管闲事,这让她很委屈、很愤怒。

【分析】

医生诊断小娜的心理问题属于分离转换性障碍。小娜的失忆及失忆时的行为具有一定的功能,有助于帮助小娜表达被压抑的情绪,包括对妈妈和同学的不满。但这种愤怒情绪和攻击行为是小娜在意识清醒的状态下无法表达出来的,因为长期以来,妈妈要求小娜做一个乖乖女,小娜只能在断片的情况下,允许自己表达出和平时性格迥异的情绪和行为。

虽然已过去10多年,但妈妈好像仍没有处理好离婚的痛苦,所以她希望通过女儿的成功来弥补自己在婚姻中失败,向前夫证明"犯错的是你们"。因此妈妈严格地要求女儿,很大程度上是为了从女儿身上寻求安慰,当女儿无法达到她的期望时,她就表现得很痛苦。而小娜为了符合妈妈的期待,逐渐养成了逆来顺受的乖乖女性格。值得庆幸的是,案例中的妈妈已经对女儿问题的形成有所反思。

随着进入高中,小娜遇到的问题越来越多,包括学习困难和人际关系的困难。这些困难让小娜感到难以维持好女儿、好学生的形象,妈妈和同学的不理解让小娜出现了明显的心理冲突。当小娜原来的性格无法处理这些心理冲突的时候,便出现了意识"断片"和他人难以理解的行为。

【知识点】

分离转换性障碍是一种由性格和心理因素共同作用引起的心理疾病，一般多见于自我中心、表演性的性格基础。临床上分离转换性障碍可表现为各种不同的症状，如躯体症状、发泄性的情感爆发、意识不清及多重人格等，但相同的特点是患者的症状都是为了达到某种效果，如获得他人的关注、控制他人或解决心理冲突等。

在青春期，孩子面临着很多的发展性困难及和父母的冲突，在孩子惯有的方式难以应对当前困难的时候，可能就会出现分离转换性障碍。除了与小娜类似的案例外，青少年中最多见的是原有自我中心的孩子，在人际关系出现冲突时，通过夸张、做作的方式，如发泄性情绪、伤害自己的行为或者身体症状（晕倒）等，获得他人的关注和安慰。另外，多重人格症状也比较常见，即感到自己身体里有其他人格，在其他人格控制自己的时候，往往会做出和往常不一样的行为，这种症状与意识不清有类似的机制。

【家长建议】

①家长发现孩子有类似表现的时候，首先要带孩子去综合医院检查，排除是否有引起躯体障碍和意识障碍的疾病，如癫痫。

②分离转换性障碍与个性特征有关，常见于自我中心的孩子和长期压抑过分顺从的孩子。家庭中互动模式会影响孩子的人格发展，家庭成员之间要保持恰当的情感表达。例如，在面对冲突时，家庭中的一方以剧烈的情绪表达来控制、威胁另一方，我们周围有些人在生活中一感到委屈就"一哭、二闹、三上吊"，就是这种类型；有些家长则要求孩子规矩、听话，限制孩子表达自己的情绪和感受，长此以往，以压抑的方式处理自己的情绪最终变成了固定的模式。

③看见和理解孩子成长过程中各个阶段的困难和需要。孩子的成长就像闯关一样，即使是前面一帆风顺，让家长感到省心、懂事的孩子，也难以保证在下一个阶段不发生困难。此时需要家长敏锐地察觉到孩子的困

第四章 青春期常见心理问题

难,并提供鼓励和支持,仅仅要求孩子坚强面对困难有时是不够的。有些家长会以"看不到"的方式处理孩子的问题。例如,要求医生告诉孩子"你是正常的",否认孩子的需求,这可能会让孩子失去向他人寻求帮助的想法。

④分离转换性障碍需要系统的心理治疗,有时需要辅助药物治疗,如有类似表现,要尽早去专科医院就诊。

(张文武)

喜欢女性衣服的男孩

【案例】

一个中年母亲很焦虑地走进诊室,主动关上门,靠近医生小声地说:"我是带我儿子来看病的,我要先跟你说一下,不然孩子进来了我就不能说了,他自己是不会主动告诉你的。我发现最近1年来,我14岁的孩子一直在偷我和他姐姐的内衣,他会摸摸、穿穿,然后藏在很隐秘的地方,多次被我发现后,解释说只是好奇。我打也打过,好像没有用处。最近在他房间里又发现有女性使用过的内衣,但不是我们家的。我觉得很害怕,他可能去偷小区里其他女性的内衣了。我非常担心,求了孩子很久他才愿意过来看看。"

母亲说完后,一个秀气、瘦弱的男孩低着头、红着脸走进来,内心似乎藏着一个沉重的秘密,此次似乎是带着莫大的勇气过来的。进入诊室后,小朱沉默片刻后低声缓慢地说:"我知道妈妈想要和医生说什么,但我觉得她不懂我,还是我自己说会比较好。我喜欢女性的内衣,对此在读小学阶段我就有好奇了。"医生引导其放松,在自由联想过程中,小朱回忆起最早是在其读初一的时候,一次从门缝偷看姐姐洗澡时觉得很好奇,后来看见女性的内衣就会有强烈的冲动,控制不住地想要去拿。虽然小朱心里知道这样不好,但冲动来了难以控制。最近,小朱感到学习压力很

大,一次在小区里闲逛时,看四下无人,便偷拿别人家晾在屋外的内衣。但小朱也很害怕被人发现、被抓起来。

小朱是家里的二胎,姐姐大其6岁,母亲对其过度照顾、边界不清。小学低年级阶段,母亲换衣服不避讳小朱,还经常与小朱睡在一起。母亲对小朱的言行比较挑剔,批评指责较多。小朱比较依赖母亲,觉得家人经常嘲笑自己像女孩,没有男子气概。母亲强势,而父亲脾气暴躁。小朱在学校里难以融入男孩的团体,偶有女孩和其一起玩,多为对他照顾性质的,言语交流很少。小朱不敢看学校的女孩的眼睛,担心自己的丑事被人发现,同时也觉得似乎没有女孩会喜欢自己,非常自卑,自觉很孤独、无助。休息的时候喜欢在家里玩手机、看视频、打游戏,觉得放松和开心。

【分析】

小朱的症状为恋物癖,此症状多见于男性,发病原因倾向于先天因素和环境因素的相互作用。目前普遍认为一些恋物癖患者存在社交障碍,尤其是与异性交往障碍。此外有些专家认为,青春期孩子可能无意中从异性的贴身用品中获得性快感,后来经过反复的行为强化,形成了恋物癖。

小朱性格内向、胆小、敏感、自卑,过度依赖母亲,和母亲边界不清,性格中女性化成分较多,家中女性比较强势,这让小朱觉得自己作为男性是比较脆弱的,对女性化成分有较多的认同。小朱对女性比较好奇,在偷看姐姐洗澡的过程中产生了兴奋感,而强烈的道德感让小朱将冲动转移至母亲和姐姐的贴身衣服及小区里晾晒的女性内衣上。后来便形成了条件反射,并不断强化,形成了恋物癖。小朱在现实中社交能力较差、社交焦虑明显、个性自卑、行为控制能力差,无法通过正常的途径去接触同龄女性或与同龄女性进行语言沟通以表达情感,无法建立稳定的异性关系,性心理发育幼稚化。

【知识点】

恋物癖通常是因为童年期性心理发育受阻,大多有性对象泛化或以象征物代替异性性对象的趋势。在青春发育期,又习得了以某种物品或人体的某部分为性对象的性满足感行为,通过条件反射机制而形成恋物癖。该行为障碍是在强烈的性兴奋的联想驱使下,反复收集某种异性使用的无生命物体的一种性心理障碍。该症状主要见于男性,通常所恋之物为女性的贴身物品。患者最初开始收集女性物品通常完全是因为没有直接与女性进行相关接触的能力,女性物品是进行幻想的辅助工具,但是在反复使用这些物品后,慢慢就形成习惯,对女性的贴身物品产生浓厚兴趣。他们主要收集女性使用过的贴身物品,商店出售的女性物品通常不会引起其性兴奋,所以他们收集的主要方式是偷窃。如果恋物癖患者收集女性物品主要是为了引起兴奋感,那么这还不是很严重的问题。但如果他们沉迷于偷窃女性物品的过程,偷窃过程就能够引起更强烈的兴奋感,即将偷窃成功作为快乐来源,那么病情就更加严重,一般会影响今后生活。

【家长建议】

①养育孩子的过程中注意培养孩子的自信心,减少对孩子过多的负面评价,鼓励孩子表达自己真实的想法和感受,尊重孩子的观点和选择,不要随意评价孩子的言行,积极关注孩子,告诉孩子他们做得好的地方。另外,在儿童期可以和孩子一起阅读性心理教育的绘本,如《小威向前冲》《乳房的故事》《小鸡鸡的故事》《呀!屁股》《我们的身体》等,让孩子知道在家庭中性是可以被讨论和接纳的,家长需要理解孩子的需求,倾听孩子的心声。

②父亲应该更多地参与孩子的教养过程,培养孩子的男子气概,让孩子有一个可以模仿学习和认同的榜样。关注孩子的积极情绪,培养孩子乐观开朗的性格,使孩子养成一些运动方面的兴趣爱好。在正面引导的基础上,鼓励孩子积极参加集体活动,鼓励和指导其与同伴的社交,创造条件让他们多增长知识,锻炼孩子各种能力,帮助孩子建立正常的人际关系。重要的是,对网络的使用要有一定的限制,防止孩子进入不良的色情网站。

③虽然恋物癖是性心理幼稚的表现,但可以纠正。年龄越小,就越易治疗。如果发现,应尽早带至医院,进行系统的心理治疗。心理治疗对孩

子是比较有效的。一是采用认知领悟疗法，系统地进行性教育，消除性的神秘感，让孩子能够正确对待性；二是加强人际交往训练，尤其是教育孩子如何和异性交往，可让他们先从正视异性的眼睛开始，并多鼓励他们参加集体活动，和异性多做配合。

④告知孩子偷窃的行为是违法的，如果对行为无法管控可以寻找一个可靠的人，当冲动来临时可以向其求助，从而帮助自己控制违法行为。如果病情严重，建议带至专业的心理治疗机构进行系统治疗。

（胡莎莎）

刺猬一样的少女

【案例】

小美，15岁，初二学生，被母亲强制带来就诊。母亲在诊室里强制撩开小美的胳膊，只见小美双侧手臂内外有密密麻麻几十道划痕，深浅不一，有些是陈旧性疤痕，母亲接着撩开其小腿，也有数十道划痕。母亲生气地跟医生说："你看看，好好的日子不过，每天划划划。每天像吃了炸药包似的，说不了两句话就发脾气，每次发起脾气来就很难平静下来，摔东西，打自己，用刀划自己。"小美默不作声，眼泪流下来。医生让母亲离开然后单独和小美交流。小美说自己不想来看病的，但晚上睡不着白天没有精神，同意过来看是为了能配一些安眠药。小美觉得没有人能帮到自己，自己还要上学，睡不好学习成绩会下降，希望医生能给自己开点安眠药。医生给其递了张纸巾，说："我注意到你很悲伤，又很生气，可能和你母亲说不到一块去，如果你愿意说，也许我可以帮到你。"后来，小美擦完眼泪开始慢慢说。

小美家中排行老大，还有一个小自己6岁的弟弟。从记事起父母经常争吵，父亲粗暴，经常当着小美的面家暴母亲，母亲唠叨、谩骂较多，说话特别难听，贬低父亲较多。父亲喜欢去KTV等娱乐场所，赚的钱都花在

第四章 青春期常见心理问题

风月场所。母亲在工厂辛苦上班，养家糊口，经常要上夜班，小美就负责跟踪、监视父亲，偷看父亲的手机短信，发现不对就及时告知母亲，替母亲出谋划策。父亲忽视小美的存在，躲避她像躲避自己的妻子一样。后来小美逐渐长大，会使用手机地图，带着母亲到县城里的各大KTV去抓父亲。每次抓到后母亲和小美就会和包厢里的女人打骂起来，父亲恼羞成怒就会暴打母亲，有时连带着打骂小美，经常进出派出所。小美觉得母亲无能，自己很聪明能干，需要帮助母亲管理父亲，害怕父母离婚，担心自己被抛弃，觉得大家都喜欢弟弟，没有人会愿意要自己。小美和母亲没有边界，喜欢穿母亲的衣服，进出母亲房间，使用母亲的日常用品，了解母亲心里所想，替母亲做她想要做的事情。小美经常去母亲的工厂帮母亲做产品赚钱补贴家用。小美讨厌男生，觉得男的都很花心，自己这辈子都不会结婚。想要自己快点长大，能赚钱养家，只要父母不离婚就行。自觉和班级女生处不来，刚开始很快进入亲密关系，觉得对方实在太好了，但很快就会因为一点事情吵架，觉得对方对自己很不好，大吵大闹后关系就破裂了，没有办法维持一个长期的亲密关系。不知道自己是一个什么样的人，也不知道自己想要什么，心烦且情绪不稳定，开心的时候觉得整个世界都是美好的，但也可能因为一点小事就非常愤怒、悲伤，觉得整个世界都崩塌了，无法承受，要用刀划自己的身体来发泄情绪。当大人和她讲道理的时候会控制不住发脾气，感觉道理就是用来束缚自己的、针对自己的，甚至是用来攻击自己的，会突然大怒，持续时间会很久。在学校里男生、女生都不敢主动靠近她，小美觉得没有人真的了解自己。医生在和小美的交流中感觉她像一只受了伤的刺猬一样，见谁刺谁，想要维护家庭好的形象，不愿意从父母的糟糕关系中脱离。当医生跟小美谈论其在家庭角色中的混乱时（"听起来你更像一个母亲，而你母亲更像一个需要你保护的孩子"），小美突然就愤怒起来，谩骂医生，觉得医生多管闲事，对自己家庭指手画脚，留下一句"我自伤不用你管，我没有问题，你们医生眼中是不是我们这类人都是有病的"，然后摔门而出。

在与小美母亲的交流中，她一直说丈夫的不是，感觉其内心充满了委屈和愤怒。小美的母亲经常把家里十几年的丑事到处去说，说自己和丈夫的各种斗争，说自己被欺负的场景，拍自己被家暴的照片；而又坚信丈夫本来应该是好的，就是被坏朋友带歪了的，所以半夜会打电话或发信息骂丈夫的朋友，让他们远离自己的丈夫，觉得这样丈夫可能会变好。靠近小美母亲就会控制不住同情这个委屈无助的女人，为她感到愤怒，讨厌她的丈夫，内心无法感到平静，觉得这个女人需要一个有智慧的女人帮助她解决现实的问题，不然她就快要活不下去了。

【分析】

该女孩是一个有边缘性人格障碍特征的少女。该病是以情绪调节、冲动行为、人际关系、自我形象的不稳定为个性普遍模式的人格障碍。母亲对父亲有很多的贬低，夫妻关系破裂，母亲无力掌控和维系与父亲的关系。反而由孩子介入母亲与父亲的关系中，替代母亲用很强势和具有攻击性的方式去管理父亲，维持一个家庭的完整性。孩子被父母用很多暴力攻击的方式对待，在成长过程中充满了被抛弃的恐惧，缺乏安全感和归属感。与人交往没有边界感，很快进入亲密的关系中，理想化对方是一个完美的人，又会因为一点小事情觉得对方不好，甚至觉得对方是对自己有迫害性质的，所以很快关系彻底破裂。无法整合一个人有好的部分也有坏的部分，和同伴的相处中带有强烈的控制对方的行为，有时甚至用暴怒来要求对方听从自己的安排，无法处理关系中的冲突。一旦出现负面情绪，其程度都较为激烈且难以承受，孩子需要用伤害自己的方式立刻发泄掉，觉得找不到其他的方式来处理负面情绪。母亲觉得孩子懂事的表现在于帮助自己监视丈夫的行为，母亲过早把孩子拉入成人不忠的世界里，让孩子对两性关系彻底绝望，难以和别人建立信任的关系。同时，母亲对孩子也是诸多的不满、责备、打骂，孩子一直都没有被好好对待过，总是觉得自己是不好的，父母闹成这样是因为自己不好，如果自己足够好，父亲就不会讨厌自己，父母就不会一直争吵，要闹离婚。当别人给孩子中性的建议时，她也会觉得是伤害性质的，会暴怒，而母亲又无法容纳孩子的暴怒情绪，反而会去责备和惩罚孩子，孩子的负面情绪就越来越多、越来越强烈。母亲内在的心里世界全是愤怒、憋屈，孩子和她在一起没有办法平静地做自己,必须变成一个精明能干的"大人"去帮助她。因此,孩子只能主动放弃自我的发展,全身心投入家庭的斗争中,不断帮助母亲想办法对付父亲、爷爷和奶奶。父亲看到孩子跟看到妻子一样讨厌,故而疏远孩子,甚至打骂孩子。孩子长期处于空虚无力的状态,对自己是谁没有概念,对要做一个什么样的人没有期待,对怎么发展自己没有兴趣。孩子觉得活着及未来都是没有意义的,没有人会真的在意她、爱她,觉得关系都是不可信任的。

【知识点】

有边缘性人格障碍特征的孩子的童年生活中常常会有一个情绪极端不稳定、做事前后不一致、性格粗暴甚至带有虐待性质的父亲或者母亲。他们处在自身的问题中没有办法脱身,更没有心力去照顾和教育孩子,无法满足孩子成长的心理需求(如安全感、被爱、被尊重、被理解、被支持、被欣赏等)。对待孩子时,情绪上充满了愤怒和拒绝,甚至还会有泄愤式的攻击行为。在面对虐待时,孩子倾向于认为自己是坏的,父母是好的,以便最大限度地获得被爱的机会,认为如果自己变好了,就能获得父母的爱;而如果孩子相信父母是坏的,是不会改变的,那么就意味着孩子什么也做不了,甚至没有补偿的机会来确保被爱,这被 Fairbairn 称为无条件的坏。而这份执念会导致孩子可能一生都在努力地想要做一个好孩子,满足父母的要求,放弃自我的发展。临床上很多的孩子在父母离婚后很多年里一直内疚、自责,觉得是自己不好父母才离婚的,觉得如果小时候自己足够好,父母就不会离婚,父亲就不会讨厌这个家。这种内疚和丧失体验会阻碍一个孩子的心理发展。

孩子如果没有体会到父母对自己无条件的爱,就无法和父母建立安全型的依恋关系,也就很难和同伴建立稳定的亲密关系。有边缘性人格障碍特征的孩子长期处在被抛弃的恐惧幻想之中,做着一切可以做的事情去掌控关系,以此避免想象中可怕的抛弃发生在自己身上。当关系有冲突或者对方需要边界和空间的时候,他们就会觉得关系要破裂了,对方真的要抛弃自己了,他们内心会产生强烈的愤怒和恐惧,这让他们无法忍受,进而

他们会去贬低、憎恨对方或者自己，认为对方或自己是全坏的，容易出现冲动性危险行为。

【家长建议】

①不要让孩子介入大人的矛盾中来，不要让孩子变成"小大人"来帮助大人解决家庭问题，不要让孩子站队，选择支持谁、责备谁。如果孩子为了表达对一方的忠诚，去对抗另一方，事后孩子不得不承受内疚，没有孩子愿意憎恨自己父母中的任何一方。

②尽量不要把自己在外面受的气带回家里释放，特别是对待孩子。孩子会觉得是自己不好才让家长心情不好，他们会内疚、自责。家长可以告诉孩子："今天妈妈心情不好是因为在外面和别人争吵过了，跟你没有关系。"要和孩子有一定的边界感，家长的情绪是家长的，孩子的不开心是孩子的，家长的困难需要家长去解决，不需孩子帮助解决，如果孩子需要家长帮助，要及时给予帮助。不要和孩子分享自己的衣服及私人用品。到了5~7岁时该分床、分房睡，不要黏在一起，不分彼此。

③如果家长一方控制不住脾气对孩子有不恰当的攻击行为时，另一方需要出面制止。例如，父亲动手打孩子，母亲要制止并安抚孩子，待其情绪平稳后告诉孩子父亲打人是不对的，母亲是坚决反对的。母亲要解释给孩子听，父亲当时可能是被孩子对他的言语攻击刺激到了，希望孩子能尊重父亲，与父亲好好沟通，告诉孩子其实父亲还是很爱他的……这样可以让孩子整合父亲好的部分和不好的部分，看到父亲对自己攻击的部分还有爱的部分，同时将亲子之间的关系从施虐与受虐转化为尊重、和睦的关系。

④如果家长夫妻关系破裂，双方要离婚，不要让孩子来做这个决定，怎么选择孩子都会内疚，不要让孩子为家长的关系去负责。如果离婚了，也要告诉孩子未来要跟谁一起生活、居住在哪的房子里，告诉孩子父母虽然分开了，但都还爱着他，让孩子了解家庭的经济生活状况是怎样的，要给孩子一个稳定的、可以确信的、安全的未来生活。不要在孩子的面前说对方的坏话，不要让孩子跟着一起去贬低、憎恨对方，这会让孩子有被抛

弃感和对成人世界的不信任感。避免对不忠和性的话题过度探讨,这会影响孩子对两性关系的看法和正常的性心理发育。

⑤如果孩子出现了边缘性人格障碍特征,及时带去专科医院就诊。在青春期发现,及时的心理治疗对该病有效,可以明显改善孩子的内在心理结构和功能。该病对其日后影响较大,可能发展成各种情绪问题,并伴有很高的自杀风险和各种社会生活适应问题。在孩子做个体心理治疗的同时,建议家长也进行相应的心理治疗,改善自身问题或夫妻关系问题。

(胡莎莎)

不听话的孩子

【案例】

小王的妈妈拽着小王来到诊室,小王看着非常不情愿,坐在诊室里一声不吭,只有妈妈对着心理师控诉小王的种种恶行。小王是个高一学生,是个女孩,但不喜欢穿女孩的裙子或淑女的服装,更喜欢穿宽松的T恤、短裤,把头发剪得像个假小子,说话大声,打耳洞,在手臂上纹身,行为举止大大咧咧。这些在妈妈的眼里都是罪过。妈妈控诉小王一回家就进房间里,不出房门,不与家人交流;周末全家出去爬山,小王宁愿待在家里也不愿意跟家人出门;每天和男孩交流、打网游,不爱穿女生的服装;成绩下降又不好好学习,中考失利,家人好不容易把她送进当地一所名牌职高读语言专业,但依旧是上课不听、经常逃学,甚至夜不归宿。妈妈希望心理师能帮助小王调整这些问题。

心理师请小王的妈妈暂时离开诊室,和小王单独进行了交流。心理师了解到,小王的爸爸和妈妈是再婚。小王的堂兄弟姐妹在学业表现上都非常优秀。小王的堂哥在全国211大学,堂姐在市重点高中,堂妹在学校也是成绩拔尖,只有小王成绩表现落后,经常在家族聚会的时候成为被批评的对象。这使得小王感到压力很大,不太愿意参加亲戚的聚会。小王的妈

妈非常重视孩子的学业,送小王参加各种补习班、培训班,但经常对小王进行嘲讽式、比较式教育。小王上初中后逐渐感受到学习压力,发现自己怎么努力都赶不上周围人,也无法从学习中获取快乐。中考失利后,家人把小王送入这所职校法语专业,但是自己对法语毫无兴趣,学习起来非常痛苦。小王曾经和妈妈表达过自己的感受,但被妈妈驳回,妈妈认为她是在逃避。从小学业由妈妈管教,上中学后爸爸开始接手小王的学业,但是爸爸对小王并不那么耐心,经常动不动就会打骂,这让小王对学习更加抵触,甚至动过轻生的念头,认为自己不是学习的料,既然不受父母欢迎,不如离开。

【分析】

小王正处于青春期,自我意识开始萌芽,希望自己决定穿着打扮和交友。妈妈对孩子的照顾向来事无巨细,未考虑到孩子进入青春期后交流互动需要进行调整,依旧像对待小孩子一样管理青春期的小王,这使得小王在生活中倍感束缚。在学业上,小王遇到困难,经过自己的努力却依旧无法达到父母的期待,这让小王很受挫,失败感加剧。同时,她又未获得父母的帮助和理解,反而受到羞辱,这使其自尊心受到了伤害,进一步恶化了亲子关系,以至于她用自己的行为方式来反抗父母。

【知识点】

青春期是孩子逐渐摆脱父母、走向成人的过程,这一过程被称为"心理断乳期"。青春期的孩子渴望获得独立,渴望父母重新审视自己,渴望自己被当成大人看待。正是因为儿童期的心理模式被打破,成熟的心理模式尚未完全建立,青春期的孩子才会变得挣扎混沌、叛逆激进,像一个火药包,易燃易爆炸。青春期孩子表现出的敏感、情绪化、难以自控、易冲动,都和青春期的大脑变化有关系。他们的种种幼稚、怪异和不可理喻的行为,都是因为掌控心智成熟度的前额叶还没有发育成熟。人类荷尔蒙中的睾丸酮、黄体酮、雌激素,在青春期得到迅速增加。青春期荷尔蒙的变化,会引发大脑敏感、情绪多变等连锁反应。此时的孩子并不知道在自己的大脑中发生了什么，面对突如其来的微妙情绪，也往往不知道该如何应对。所以，他们经常是跟着情绪走，时而愤怒、时而狂喜，这样就容易被父母认为性情大变、无理取闹。

【家长建议】

①了解青春期孩子的心理生理发展。理解孩子在青春期可能出现的种种行为，明白那些其实都是人类大脑发育的自然结果，是身心成长的正常状态。

②多倾听，多共情，少判断。对孩子表达的内容多一些倾听，花时间听他们是怎么描述经历的事件和表达内在感受的。在孩子还没有说完的时候，不进行价值判断，不用成人的思维谈自己的想法，家长不要急于给出意见。家长说的话孩子往往听过很多遍了，但是他们依然感到困惑，这说明这些大道理不能解决他们此刻的难题。此时，不妨先问问孩子的感受，让孩子知道家长在听他们讲，家长愿意听他们讲，多给予对孩子内在体验的共情性理解，这样更能让孩子敞开心扉。

③给孩子多一点尊重和理解。孩子需要自尊，但又常常错误解读家长的行为。或许家长的一句讥讽、一个不够善意的眼神，都足够掀起一场风暴。当孩子进入青春期，家长要改变既往的教育模式，把孩子当成自己的同事一样尊重、对待。家长最应该做的不是和孩子硬碰硬，而是试着给孩子多一些、再多一些的理解。孩子需要家长的爱和理解、等待和接纳。

④家长可以试着询问孩子："你希望我怎么做？"注意，是"你希望我怎么做"，不是"我现在想怎么帮你"。家长一定要掌握这种被动的话术。在与青春期孩子的对话中，被动的态度非常容易让孩子放下戒备心。给孩子一个态度——只要你想，我随时愿意帮你；但是如果你不想，我不会轻易违背你的意愿。家长应主动表达出对孩子自主权的充分尊重，这会慢慢消除孩子的叛逆心理。

（金琼）

特立独行的男孩

【案例】

小鹏是一个初中刚刚毕业的男孩，按他的成绩本可以去职业高中，找到一个他感兴趣的职业方向继续学习，度过成年之前的时光。但他的想法是去做一个保安，他拒绝进入职业高中学习。如果在成年之前不能参加工作（小鹏知道用人单位不会接收未成年人），他希望能一个人去探险、打猎（实际上就是钓鱼之类的活动）。孩子的想法让爸爸非常焦虑，家庭里发生了激烈的冲突，孩子动手打了爸爸。爸爸想不通孩子为什么不走寻常路，为什么听不进别人的建议，觉得孩子的心理有问题，所以把孩子带到了医院。

小鹏的身世听起来让人心痛，15岁的年纪，陪伴他长大的更多是孤独。妈妈在他3个月大的时候就不告而别，到现在为止，他仍不知自己的妈妈是谁？父母的婚姻发生了什么？家中现在只有80多岁的奶奶和沉默寡言的爸爸。爸爸一人支撑着家庭的生活，忙于打工，很少能陪他一起吃饭，更别说能陪他一起出去玩。因为脸部有明显的先天畸形（歪鼻子及兔唇），在小鹏的记忆中，同学都把他当成怪物，不愿和他接近。小学的时候，小鹏的成绩还能维持，但到初中的时候，成绩开始一落千丈，小鹏不再奢望自己能考上高中，然后进入大学。

医生开始了解小鹏心中的感受和想法，询问他为什么要去做一个保安？做一个保安对他来说有什么特别的意义？小鹏解释："穿上制服感觉自己就像警察一样，会感到自己很强大。"医生询问小鹏有什么兴趣爱好？小鹏说："我比较喜欢咏春拳，喜欢一个人去冒险。"医生好奇他的兴趣和活动为什么和其他孩子很不一样，询问小鹏为什么不选择和别人一起玩的活动？小鹏解释："因为从小到大，我都觉得别人把我当成怪物，我其实已经不再难过，反而觉得这样的自己是很好的。"

第四章 青春期常见心理问题

【分析】

小鹏像是一个特立独行的孩子，"特立"是小鹏找到的证明自己存在的一种方式，"独行"是小鹏完全按照自己的意愿去选择自己想要的行为。每一个孩子都拥有自己的个性特征，有自己做事的方式。如果这种独特性能适应社会的需要，能被大家理解，这就是一个健康孩子所需要的特质。但小鹏的特立独行明显是不适应的，他选择了很多过分与众不同的行为，在自己的想法和爸爸的想法有冲突的时候，采取了暴怒的情绪表达和冲动的行为。

小鹏行为的背后，是他对长期被拒绝的自我保护，他好像屏蔽了对交往、对被他人认同的渴望和需求，通过自给自足的方式在满足自己。为了保护自己不被伤害，固执地认为自己这样就是好的。医生分析：小鹏3个月的时候，妈妈就离开了他，在他心里可能留下了被抛弃的感觉；而爸爸沉默寡言，也无法安抚小鹏，无法让小鹏建立安全感。因为小鹏的外貌，小鹏从小到大一直重复体验着被别人拒绝的感觉，为了避免再次遭受被拒绝、被抛弃的痛苦，小鹏潜意识里认为"我并不需要别人"。医生担心如果小鹏持续用这种方式隐藏内心的脆弱和需求，最终他可能会演变成自恋型人格。

医生或咨询师需要动用积极的情绪鼓励小鹏，让小鹏感觉到自己被接纳，需要积极地回应小鹏的心理需求，让小鹏感觉到这个世界并不是只有拒绝。和医生、咨询师的联结，可以修复小鹏在人际关系中的创伤，让小鹏重新找到对这个世界的信任，放下心里的盔甲，积极去探索，找到更好的自己和与别人相处的经验。

【知识点】

按客体精神分析理论，一个人人格的发展是不断在人际关系中提炼经验并将经验吸收到自己内部的过程。在这个过程中，有了父母的温柔、坚定，便有了内部的安全感和向外发展的自主性；有了和同伴相处的经验，便有了自尊心和自我认同感。在遭遇挫折的时候，重要关系的共情和支

持，能够修复心里的伤痛，使自我的内部获得更多的情绪弹性和应对方式。

母婴关系是人际关系的开始，在婴儿期建立安全型依恋对一个人的发展有重要的意义。母亲能及时回应婴儿的需求，婴儿就会体验到安全，同时发展出"我能掌控世界"的感觉，这有助于婴儿积极地向外探索，顺利地进入更复杂的人际关系。如果母亲经常忽略或拒绝婴儿的需求，婴儿会经历痛苦、愤怒和无奈等不良情绪，最后进入对母亲期望的隔离状态。如果这种隔离期望的方式一直在今后的生活中重复使用，孩子就很有可能演变为自恋型人格。

【家长建议】

①稳定、和睦、支持的家庭环境，是促进儿童青少年心理健康发展的土壤。婴儿的出生会导致家庭生活进入短暂的不适应状态，紊乱的家庭环境、未处理好的婚姻问题都会影响对孩子的养育。因此，建议家长在有充分思想准备的前提下，有计划地生育。

②有些不科学的养育观念不值得提倡。例如，孩子哭闹时，用不理孩子的方法来锻炼孩子；孩子吵闹时，用"再哭我就不要你了"的语言威胁孩子等。离婚家庭的孩子更容易出现心理问题，有部分原因是孩子感觉到自己被抛弃了，或者错误地认为自己是导致家庭破裂的原因。家长在处理婚姻问题的同时，要及时安抚好孩子，向孩子表达"妈妈和爸爸分开不是你的问题，妈妈/爸爸仍然会一直爱你的"。

③在孩子成长过程中要多了解孩子和他人相处的方式。一些本来有问题的孩子可能会被同伴排挤、拒绝，如多动症患儿、身体有残疾的孩子等。这些孩子更需要家长的关心和支持，要帮助他们处理人际关系中受伤的体验，给他们提供更多的策略。

④案例中的小鹏的家庭资源比较匮乏（父母离异且爸爸不能为小鹏提供足够的共情），此时需要积极地寻求外部资源，由精神科医生、心理老师及心理咨询师介入处理比较合适。

（张文武）

第四章 青春期常见心理问题

总和别人合不来的孩子

【案例】

欣欣是一名初三女生,欣欣的爷爷奶奶是知名学校的退休老师,父母是公务员。从欣欣出生开始,全家人都对这个孩子寄予了全部的希望。从小,欣欣的爷爷奶奶轮番给孩子上课,并通过关系找到欣欣的班主任,要求欣欣的班主任严格要求孩子。父亲对欣欣要求非常严格,父亲的指令孩子必须要完成,否则会受到严厉惩罚。欣欣的母亲是其学习的主要管理者,当欣欣学习退步或者有一些不听话的行为时,欣欣的母亲就非常焦虑。欣欣从小学习成绩比较优异,可是一点都不快乐。小学四年级时,一次周末,欣欣没有完成母亲要求完成的作业任务,母亲与欣欣大吵一架,母亲边哭边在欣欣面前掐自己、扇自己耳光,欣欣后来被逼无奈,只能按母亲的要求完成。五年级时,欣欣与班级里另外几位学习成绩优异的女孩小丽、小秋和小梦是好朋友。有一次,小丽把小秋喜欢班里一位男同学的秘密告诉了班级里的一位同学,那个同学把这个秘密传开了,小秋和小梦开始孤立小丽,欣欣见状质问小秋和小梦为什么孤立小丽,要求她们与小丽和好,小秋不肯,欣欣与小秋大吵了一架。后来小秋和小丽和好了,3个人开始一起孤立欣欣。欣欣很痛苦,经常一个人哭泣,在最痛苦的时候甚至需要通过掐自己来缓解痛苦。后来,欣欣跟小秋道歉,给她们买了很多自己都舍不得买的礼物,才最终与她们和好。

在小升初的考试中,欣欣以优异的成绩考上了重点中学的重点班,父母很开心,奖励了孩子一部手机。但是父母又特别担心孩子玩物丧志,暑假期间便在家里各个角落安装了针孔摄像头,这样在他们去上班时就能看到欣欣是否按要求使用手机。欣欣手机上可以下载的APP,都经过了父母的严格筛选。有一次欣欣将自己反锁在房间里,父母认为孩子一定是在里面玩游戏,遂将门砸开。从此以后,欣欣的房间门锁就被卸掉了。欣欣上初中以后,能很快与同学建立关系,但过不了多久就会发生冲突,如吵

架、打架、闹矛盾。欣欣在人际关系中特别喜欢为"弱者"出头，如果欺负"弱者"的对方不按自己的意愿道歉，欣欣便使用各种办法攻击对方、孤立对方、辱骂对方。当发现自己"斗"不过对方时，欣欣会道歉，讨好对方，想方设法取得对方的谅解。同时在与"弱者"的相处中，欣欣会有一套"我帮了你的忙，你就要听我的，我让你不要理谁，你就不要理谁"的理论。在人际关系中，欣欣经常使用的原则是"我对你怎么样，你也必须怎么样对我"。初中期间，欣欣一直没办法与人建立高质量的友谊关系，最长的友情只能维持几个月，欣欣为此非常苦恼，经常哭泣，有时会有轻生的想法，学习成绩也一路下滑。父母带着孩子到医院就诊，医生诊断为抑郁症。

【分析】

该案例是典型的青春期人际关系紧张引起的情绪问题。在孩子小的时候，父母是孩子的全部，当孩子逐渐长大，亲子关系的重要性对孩子来说逐渐下降，同伴关系的重要性逐渐上升。青春期对一个孩子来说是同伴关系发展的最重要的时期，同伴关系受阻会影响青春期孩子的心理发展。该案例中，欣欣生长在一个高度控制的家庭中，她的内在关系是"高度控制的父母"和"被控制的小孩"。从内在关系这个角度审视一下就会知道，她与同学的关系是她内心的病态关系模式向外延展的结果。在家庭关系中，她是"被控制的小孩"，在同学关系中，她将"被控制的小孩"投射出去，而自己以"高度控制的父母"自居；当对方比自己强势时，她又会将"高度控制的父母"投射出去，自己以"被控制的小孩"自居，不停去讨好对方，获得对方的满意。当人际关系演变成控制与被控制时，势必无法看到真正的对方，也就无法建立真正的友谊。人际关系的黄金法则是：我希望你对我怎么样，首先我要对你怎么样。可是在该案例中，欣欣使用的刚好是反黄金法则：我对你怎么样，你必须也对我怎么样。长此以往，欣欣周围的人势必会感觉很累，会选择逐渐远离这段关系。

【知识点】

人际关系是在社会交往过程中形成的，是建立在个人情感基础上的人与人之间互相吸引与排斥的关系，反映的是人与人之间在心理上的亲疏远近距离。人际关系问题是青春期孩子产生心理健康问题的一大主因，青春期孩子的人际关系主要涉及亲子关系、师生关系和同伴关系。心理健康的孩子能够了解彼此的权利与义务，能客观地了解他人、关心他人，能与他人保持积极的沟通，并能保持自身人格的完整性。而心理不健康的孩子更喜欢独来独往，在与人交往的过程中往往充斥着各种纠结与矛盾，其言行经常是简单粗暴的，不能有效控制自己消极的想法与行为。

父母的教养方式对孩子的人际关系会产生非常重要的影响。从心理学的角度来讲，一个人外在人际关系的雏形最初来源于孩子与父母或主要照顾人的互动模式。很多时候，父母为了让孩子少走弯路，会渴望将自己的经验与意志强加在孩子身上，当孩子不自觉地按照父母的意志去行动时，孩子的真实存在就被摧毁了。每个人生命的根本动力是成为自己，如果孩子的生命体验是被动参与的，是父母意志的结果，这就无法让孩子成为自己，也就无法让孩子真实地感受到其他人，而且孩子会把与父母这种不健康的互动模式投射给其他人，从而影响孩子的人际关系。

【家长建议】

1. 尊重孩子

尊重意味着以平等的身份出现，家长不要站在权威的角度居高临下地对待孩子，应该站在孩子的角度更好地理解孩子。青春期的孩子希望家长尊重自己、平等对待自己、关注自己的内在需求。在与家长的互动中，孩子也会学习尊重别人，而学会尊重别人，是人际关系的基础。

2. 倾听孩子的心声

在青春期，孩子往往会出现很多"非正常"表现。这些"非正常"表

现背后一定有一个正当的理由。这个时候,家长坐下来倾听孩子的心声,则是对孩子最好的关注和支持。家长不带价值判断的倾听,更是孩子表达沟通意愿、建立亲子之间信任关系的重要基础。当然家长在倾听时也要注意方式:①把自己当作孩子的倾听者、知心朋友,孩子自然愿意拿出自己的心事与家长分享;②在倾听孩子时,要注视孩子,与孩子保持目光接触,不要东张西望;③把握倾听的时机,倾听的最佳时机是和孩子独处时,这样更容易让孩子敞开心扉;④保持自然放松的微笑,表情随孩子谈话内容有相应的变化,懂得恰如其分地点头;⑤不要打断孩子的话,那样会让孩子觉得家长不够尊重自己,从而影响信任感的建立。当孩子信任家长,愿意把心事与家长分享时,家长自然能第一时间了解孩子的情况,并予以合理的建议与意见。

3. 对人对事适度掌控

学会放弃不合理的期望。在控制欲强的家长对孩子提出的要求中,57%是出于家长的意志,家长想让孩子用服从来满足自己的控制欲。而这其实违背了孩子的想法,是强加给孩子的不合理期望。有心改善的家长可以将一天作为观察对象,记录自己对孩子提出的所有要求,晚上回顾时,或许就会发现许多强人所难的要求,这些就是改善的突破口。

4. 树立榜样的作用

家长可以邀朋友来家里玩,或者在适当的聚会场合把孩子带上,让孩子学习家长与朋友的互动方式,甚至在与朋友的关系梳理中可以征求孩子的建议和意见,帮助孩子认识健康良好的人际互动模式,从而让孩子改进自身人际互动中的不足。

(王淑君)

第四章 青春期常见心理问题

二次元女孩

【案例】

小雅是一个初中女孩,妈妈带她来是因为她们在手机使用方面存在分歧:妈妈认为小雅已经网络成瘾,而小雅坚持自己没有问题。

当医生询问家里关于手机使用是怎么规定的?谁在打破这个规定?妈妈就开始抱怨:"其实我们对孩子管得并不是特别严厉,也没有给她太多的学习压力,规定是每天可以玩2个小时手机。我觉得我们作为父母已经非常退让了,但是她无法遵守规定,所以我们只好管起来,也不能眼睁睁地看她废了。"小雅非常愤怒:"他们太过分了,有时在做作业的时候,我顺便看了一下QQ上的信息,正好她进来看见了,就会批评我,而且根本就不相信我的解释。"父母为了管理小雅的手机使用问题,已经用尽了一切办法,包括断网、把手机摔坏,甚至打骂。同时小雅的反抗也越来越激烈,已经多次用刀划手,或整天闭门不出。近1周,小雅干脆就躺在床上,也不去上学了。看来,这一家的问题不仅仅是怎么使用手机的问题,更严重的是亲子间失去了相互的信任。

医生和小雅单独的交谈倒是非常顺利和流畅,这让医生有个感觉:在问题发生之前,家庭对小雅的养育是不错的。小雅表达得很自由,没有明显的拘谨,不像那些在长期关系不良的环境中长大的孩子,不会带着敌意。她对自己的父母也没有太多的愤怒:"我知道他们是为我好,但他们不懂我,管我太多,我感觉没有自由。"小雅向医生解释她使用手机的原因:"我其实不玩游戏,不刷抖音,我就是特别喜欢二次元的东西,日本动漫《文豪野犬》的几个人物是我的偶像,我每天会去看粉丝群的评论。"看到医生对二次元的好奇,小雅打开了手机,向医生展示了她喜欢的动漫人物形象,然后得意地告诉医生,她手机上的挂件、手腕上的链子都是有关她偶像的周边。医生注意到在谈论偶像的时候,小雅眼睛顿时亮了,脸上表情也更加生动了。

医生询问："在二次元里你有什么特别的体验？"小雅沉思了一下后回答："我感到二次元的世界更加简单、纯粹，人物更加完美，画面更加鲜明。"医生询问："在现实世界里你是不是有遇到一些困难？"小雅承认，进入初中以后，自己学习上的确不如小学那样能掌控好，人际关系也变得有点复杂。但小雅表示："我还是想考进高中的，所以不用他们提醒，我也会把主要精力放在学习上。"

【分析】

关注二次元的孩子非常多，在心理门诊可以看到很多这样的孩子，他们的穿着在大人看来就是"奇装异服"。这些孩子使用手机主要是为了在网络上关注虚拟世界的人物，本质上和追星没有什么区别。事实上，社会亚文化总会潜移默化地影响我们，孩子可以从各种渠道接收相关的信息，堵是堵不住的。

医生告诉父母，对于小雅的问题一般不会考虑网络成瘾，并肯定了父母在前面的教育中的成功，总的来说小雅还是一个比较积极、乐观的孩子。医生担心的是父母对孩子的相关"问题"的处理方式很不适合青春期孩子，这导致了小雅更加对抗的行为。这个时候，希望父母能关心小雅在现实中碰到的困难，可能是这些困难让小雅去虚拟世界里寻求一些安慰。父母不妨有些好奇心，和小雅一起了解二次元的内容。妈妈这时说道："小雅从小爱画画，她画的漫画的确非常好。"有了妈妈这样积极的回应，医生相信他们家庭中出现的问题应该会迎刃而解。

如果能进入二次元世界，又能从二次元世界出来面对现实，小雅的问题不会太大。但如果父母的处理方式不好，对小雅严加控制，没有任何信任感，那么这会让小雅感觉除了二次元外再没有可以信赖的对象，小雅真的有可能向网络成瘾发展。

【知识点】

的确可以看到这样一个趋势，越来越多的青少年乃至成人，开始迷恋二次元，购买收藏二次元周边产品。在文化越发达的城市，漫展等大型活动就越来越受年轻人欢迎。

社会经济越发达，个体之间的差异和竞争就会越大，社会亚文化在一定程度上可以帮助个体找到归属感，减轻现实的压力。最明显的例子就是越是平庸的人越喜欢看废材逆袭的故事，在故事里他们能实现自己在现实中未被满足的愿望。从这个意义来说，二次元文化可以看作年轻人应对压力的过渡性客体，类似婴儿断奶以后，需要暂时给其一个奶嘴安慰一样。

除了社会文化因素以外，网络成瘾与家庭因素的关系特别密切。中国等亚洲国家青少年网络成瘾的比例远远高于欧美国家，跟毒品成瘾的比例完全相反，其中一个原因是东方家庭内的关系过于紧密。研究发现，越是控制型的家庭，孩子越容易网络成瘾。

家庭教育里最重要的是规则和关系，父母需要和孩子永远保持安全、信任的关系，只有在良好的关系下，父母才能和孩子协商规则，特别是青春期的孩子。而规则要根据孩子的发展水平适当调整，总体方向是父母慢慢退出。孩子到了青春期，更渴望独立和向外发展，对家庭的归属感减少，这可能让父母感到焦虑和担心。但父母需要清楚的是：家庭里的规则的确立是为了减轻自己的担心，还是真正从孩子的需要出发的。

【家长建议】

1. 理解孩子在现实中的困难

案例中的女孩刚刚进入初中，也许尚未处理好从童年期进入青春期的失落，就要面对学习和人际关系中的困难，家长在这个阶段需要更加支持孩子。

2. 怀着包容、接纳的态度去面对二次元等新事物

轻易不要给孩子贴上"网络成瘾"的标签，家长要承认自己有很多不懂孩子的地方，可以对孩子关注的事物保持好奇心，避免孩子失去和家长交谈的兴趣，让孩子愿意从网络中回到家庭关系里。

3. 重建信任关系

如果家庭中亲子之间发生了激烈的冲突,家长要反省自己和孩子沟通时的语言和情绪,反省自己的管教模式是不是适合孩子的发育水平。如果发现孩子过多使用网络,可以适当表达自己的担心。但同时需要表示仍然信任孩子,相信孩子可以通过自己的努力控制好上网的时间。

(张文武)

为何家会伤人——为父母不幸背锅的孩子们

【案例1】

小辛是一个9岁的小姑娘,二年级下半学期的时候,再也不愿上学。妈妈带她来看医生,但小辛只是紧紧躲在妈妈身后,医生再怎么问,小辛也不愿回答医生的问题。妈妈告诉医生,在家里已经询问孩子是不是在学校被老师骂了,或者被同学欺负了,小辛一说到上学的事情,就闭口不谈。老师也反映小辛上学的时候并没有发生特别的事情。医生开始把注意力放在妈妈身上,询问妈妈小时候与她的妈妈相处的经验,妈妈的眼眶开始泛出点点泪光,在她的回忆中,跟妈妈分开是一件非常痛苦的事情。而现在自己带孩子的时候也总是小心翼翼,她还有个小女儿,虽然丈夫在孩子很小的时候就被单位外派到西北地区工作,自己带两个孩子特别辛苦,但她就算再忙,也从不放心让家人帮助她照顾小孩。在她心里,总有一种担心和危险的想象,孩子离开她就会发生意外。

【案例2】

小美是一个20岁的医学生,她因长期节食、情绪低落、间歇性暴饮暴食前来就诊。虽然用了很长时间的抗抑郁药和心境稳定剂,小美的病情始终不见好转,身高约165cm的她体重仅仅只有40kg左右,并且还患上了甲状腺功能亢进症。虽然渐渐离开了家庭,但是对于爸爸在她成长中带给她的苛责始终不能释怀,在爸爸面前仍感到非常压抑,战战兢兢地像无助的小孩一般。小时候爸爸对她非常严厉,不仅在她的学业成绩上,而且在她的花钱方面也过多控制。她回忆到自己有一次买了肯德基,就被爸爸批评了整整一个下午。第二次见面的时候,医生问到爸爸过往的经历,爸爸在妻子和女儿面前第一次谈到他年轻时一段屈辱的记忆:在他17岁的时候,在表哥厂里打工,因为家里母亲突然住院,向自认为关系密切的表哥借钱,遭到了表哥的嘲讽和拒绝。想不到外表看上去这么坚强的男人在谈到过去的痛苦时居然哭得像个小孩一样,小美靠近了爸爸,轻轻地拍着他的背。小美又来过几次,病症居然奇迹般的好转,包括甲状腺的问题。

【案例3】

小涵是小学四年级的孩子,同样因为不能上学且一去学校就感到头痛来看病。但医生无法从为何她不愿去学校及如何处理她对头痛的担心等问题上着手,因为一谈到上学的事情,小涵就开始沉默不语。但医生在讨论家庭关系的时候,小涵却异常活跃,开始讲妈妈和爷爷奶奶之间的矛盾,以及妈妈和爸爸的争吵,谈论她如何敏感地觉察到家庭中暗藏的一点点危险,如何机智地周旋于大人们的矛盾中间,甚至有几次她成功化解了明面上的争吵。小涵妈妈是从四川来宁波打工的时候认识了小涵爸爸,妈妈至今为当时的闪婚后悔着。因为婚后发现她老公什么都听他父母的,开始的时候因为一些生活习惯方面的不同和公婆互有意见,后来逐渐发展到一言不合就冷嘲热讽甚至争吵的地步。妈妈有时感到明明是公婆的错,但老公总以孝顺为由,指责她的不是。因为妈妈在宁波几乎举目无亲,小涵成了妈妈最好的倾诉对象。

【案例4】

按顺利发展的过程,小齐本应是一个初一的学生了。但小学五年级以后,小齐就没有正常上学,六年级毕业的时候,没有正常上学的他,居然各科成绩都能及格。家人很乐观地预测小齐应该能正常上学了,但初中才上一天，小齐又故态复萌了。医生好奇，小齐生病 2 年，为什么总是爸爸陪着看病，妈妈为什么从来不出现呢？小齐向医生诉说："父母感情不好，妈妈有点看不起爸爸。在他记忆中，父母从没有亲密的表现，这 2 年妈妈都会很晚下班，基本上不和他们一起吃饭。我为了爸爸和家庭，已经多次恳求她早点回家。"医生看了看爸爸，爸爸努力动了动嘴唇，但最终没能讲出一句话来。

【分析】

上面 4 个孩子的心理问题表现各异，有害怕与妈妈的分离、害怕上学、抑郁及进食问题等。但 4 个案例共同的特征就是家庭中的成员或整个家庭系统出了问题，而问题最终以孩子生病的方式呈现。在家庭治疗中，一般称出现症状的孩子为"索引"病人，就是以孩子生病为线索，去探寻症状背后的意义：有什么原因导致孩子的症状，是什么因素导致孩子的症状得以维持。

第一个案例中，孩子不去上学的原因主要是与妈妈的分离焦虑，分离焦虑的形成与母婴早期依赖行为的建立密切相关。虽然孩子本人不能明确表达出自己焦虑的来源，但从妈妈的养育体验中，可以推测不安全型依恋的存在，可以推测孩子没有足够的安全感，所以才不敢向外探索。这位妈妈谈到，她虽然担心孩子，但在孩子烦躁的时候，她会威胁自己的孩子"再哭，我就要把你扔了"。她突然醒悟，这好像是小时候她的妈妈常常跟她讲的话。

第二个案例中，孩子的问题很明显与爸爸青少年时期的心理创伤有关，爸爸把自己还没有处理好的愤怒投向了自己的女儿，让女儿持续体验对爸爸的内疚。小美认为自己要节约、要学习好，否则就是对不起爸爸，这种病理性的内疚，让孩子无法合理表达对爸爸的不满，只能表现出情绪和生理方面的病症。

第三和第四个案例的情况比较类似，孩子把自己的精神动力放在了如何解决家庭的矛盾上。不同的是第三个案例是婆媳关系问题，第四个案例是夫妻关系问题（也许根源也是婆媳关系）。当家庭出问题了，而大人们以回避或不好的方式解决的时候,孩子就通过生病的方式,吸引大人们的注意力,当孩子发现自己的行为在一定程度上解决了家庭的矛盾,孩子的症状会被这种"好处"强化和维持。

【知识点】

家庭是每个孩子成长过程中对其影响最大的社会系统,家庭中每个成员之间的相互关系,都会影响孩子的个性形成。例如,家庭中有一个喜欢唠叨的妈妈,必定有一个沉默寡言的爸爸,妈妈因为爸爸的不回应变得更加唠叨,爸爸因为妈妈的过于唠叨更加懒得理会。孩子长大后个性很像父母中的一个,很难区分这种影响来自于先天的遗传还是后天的学习与适应。

对问题家庭和孩子病症之间关系的探究,有几个家庭治疗的流派。结构式家庭治疗流派注重家庭的结构。例如,正常的家庭中父母和孩子之间应该有一个很好的三角关系,而且以父母良好的关系作为核心。如果父母一方和孩子关系紧密,牢牢地绑定在一起,父母的另一方就会远离家庭,这时孩子就会出现症状,如果想要孩子的病症好转,就必须要解除这种不正常的三角关系。系统式家庭治疗流派把焦点放在家庭功能和关系与孩子心理疾病的关系上。例如,家庭次系统中边界不清,某位成员的越俎代庖就会引起家庭功能失调及孩子的心理疾病,第三个案例中婆婆过于介入儿子的婚姻就是一个典型的例子。

家庭的问题有很多来源,包括社会文化、原生家庭及当前家庭中的问题。首先,传统家庭以祖辈为核心的观念与新一代夫妻的家庭观有很大的冲突。女性承担着养育孩子的责任,但在传统家庭中女性的价值感很低(因为经济决定价值)。当女性被传统观念的家庭所排斥的时候,女性就会把所有的爱和不满投注在孩子身上,如果是男孩的话,就被养成下一代的"妈宝男"。而当这个妈妈成长为婆婆的时候,因为习惯占有儿子,与自己儿媳妇的关系也会重复自己与自己婆婆的关系,婆媳关系可以说是中国式家庭矛盾中的典型代表。其次,原生家庭的问题也会影响当前的家庭,就是所谓家庭创伤的代际传承。如果父母没有处理好原生家庭的关系,就会

影响当前和孩子的关系。例如，一位爸爸认为原生家庭的不公平导致了他想继续升学的希望的破灭，在孩子上学的时候，就会过度期待和严厉。最后，当前家庭中的问题也越来越多，很显然，离婚家庭、重组家庭的孩子更加容易出现心理问题，解决这些问题不是要一对不和的夫妻仍然勉强生活在一起。对于离婚或不和的家庭，父母要自己去解决婚姻问题，要保持好亲子关系，不要让自己的孩子卷入父母的矛盾中，不要把对另一方的恨意和婚姻失败的痛苦投注在孩子的身上。对于重组家庭，要允许孩子有一个适应的过程，以开放、接纳、不带偏见的态度让孩子进入一个家庭系统。

【家长建议】

①孩子有问题的时候，家长要有一种自我觉察能力，反思是否自己成长经历中没有被处理好的痛苦影响了自己的育儿过程。几个案例描写得非常清楚，但当局者迷，家长往往对以往的痛苦难以启齿，或者将其排除在意识之外。建议家长多向其他家庭学习为人父母的经验，或者看一些心理学科普书籍，感到自己有心理问题时，也要及时进行心理咨询。在这里没有批评家长的意思，家长也不要相互埋怨是另一方的教育问题造成了孩子的心理问题，因为很多有问题的家长也是"受害"者，他们也是无意识地被影响，因此需要支持这样的家长。

②注意家庭中最重要、最核心的是父母的关系。家里老人可以提供帮助，但不要过于干涉夫妻生活和家庭里的养育方式，要保持一致的养育方式。有些大家庭中，对孩子爱的争夺变成彰显自己地位和重要性的砝码，这会让孩子深受困扰。

③对于婚姻出问题或已经离婚的家庭，家长注意不要让孩子卷入婚姻的纠纷。例如，不要让孩子站队，也不要向孩子抱怨对方的不好。离婚后对孩子的处理要非常谨慎，要充分考虑到是否能满足孩子成长的需求，不要让孩子产生被抛弃的感觉，要让孩子感受到，虽然爸爸妈妈分开了，但对他的爱没有减少。离婚后带着孩子的一方，注意和孩子之间仍要保持合理的边界。例如，离婚的妈妈一直和很大的孩子睡在一起，会让孩子过分

依赖、缺乏独立性。

④已经有问题孩子的家庭中,家长需要直面自己的婚姻问题,告诉孩子:"爸爸妈妈有能力处理好我们之间的问题。"有些二胎家庭中大的那个孩子出现的心理问题,也跟家庭系统边界不清有关。例如,让大的孩子替代家长的功能,但又忽略了他们也是孩子的事实。

(张文武)

第五章 儿童青少年心理疾病的物理治疗

睡不着的女孩

【案例】

小新，女，高一学生，3个月以前开始出现睡眠差、心情低落的症状，在父母的陪同下来就诊。孩子主动向医生述说自己的情况：自己最近2个月胃口很差，吃不下东西，白天上课时感觉提不起精神，萎靡不振，注意力难以集中，而晚上入睡很困难，脑袋总是会想很多乱七八糟的事情，在床上翻来滚去，烦躁不安，需要1个小时甚至2个小时才能睡着，即使睡着也睡得不安稳，中间会醒来很多次，一晚上只能睡3~4个小时，睡眠问题引起了很大困扰，严重影响了学习生活，但是不知道该如何调整自己。妈妈接着小新的话继续向医生说道，小新是家里独女，夫妻两个对孩子比较宠爱和关注，生活上给予无微不至的照顾，但对孩子的学习要求较为严格，希望孩子能考个好大学。班主任上周联系妈妈，说发现小新上课时莫名其妙哭泣、手抖。谈心时，小新向妈妈倾诉了自己最近睡眠不好、精神焦虑的问题，想看看心理医生，寻求帮助。

小新告诉医生，原先自己在初中时，学习成绩名列前茅，进入高中之后，自己的成绩一直在中游徘徊，心理落差很大，最近2个月学习越来越吃力，经常做作业做到很晚，常常不在状态，压力很大，前段时间的模拟考试的考试成绩也不理想，在班级的中下游水平，觉得对不起父母的付出，怪自己为什么别人能做到，自己就不行。

第五章　儿童青少年心理疾病的物理治疗

【分析】

进入高中后，小新由原来初中班里的尖子生变成了中等生，一时间较难适应新的环境。当学业遭遇困难时，小新心理调节失衡，加之父母对小新学习要求较严，对他怀以较大的期待，多个方面的原因引起了较大强度的精神压力和焦虑。压力太大会让大脑神经处于紧绷活跃状态，也就无法产生睡意放松下来进入睡眠，或者是好不容易睡下了也总是睡不香、总是做梦惊醒。

【知识点】

失眠是最常见的儿童青少年睡眠障碍。儿童失眠定义为：在具有足够睡眠时间及良好睡眠环境的前提条件下出现入睡困难、维持睡眠困难、早醒、睡前阻力；同时伴有睡眠困难带来的日间功能受损，如疲劳、嗜睡、学习和工作能力受限、认知功能受损、情绪障碍、注意力不集中等。本案例是典型的学习压力大引起的失眠问题。

【治疗方案及疗效】

针对失眠问题，医生推荐小新接受重复经颅磁刺激（rTMS）物理治疗。rTMS 是一项安全、无创的脑功能干预物理治疗技术。rTMS 因其操作简便性、无药物依赖性、效果可持续性等优点，受到广大失眠患者的青睐，已在临床上得到广泛的推广。其原理是利用时变磁场作用于大脑皮层产生感应电流改变皮层神经细胞的动作电位，从而影响脑内代谢和神经电活动。低频率（≤1Hz）rTMS 对皮层兴奋性具有抑制作用，而高频率（5～20 Hz）rTMS 则能提高皮层的兴奋性。rTMS 通过调节神经元兴奋性和影响脑内神经递质的代谢来改善睡眠质量。

1. 临床心理测量评估结果

治疗前，医生通过心理访谈对小新的抑郁焦虑情绪和睡眠质量进行量化评估。其汉密尔顿抑郁量表评估总分 14 分（总分超过 24 分为严重抑郁，超过17分为轻度或中度抑郁，7分至17分为可能有抑郁症，小于7分为无抑郁症状）。汉密尔顿焦虑量表评估总分22分（总分超过29分，可能为严重焦虑；超过21分，肯定有明显焦虑；超过14分，肯定有焦虑；超过7分，可能有焦虑；小于6分，则无焦虑症状），说明小新的精神性焦虑、躯体性焦虑、胃肠道症状较为严重。匹兹堡睡眠量表评估总分14分（总分在0~21分之间，得分越高，表示睡眠质量越差），说明小新主观睡眠质量较差、睡眠潜伏期长、睡眠持续性短、睡眠效率低、睡眠紊乱、白天功能紊乱。

2. 治疗方案

前额叶和边缘系统是最重要的情感调节区，右额叶背外侧部位是rTMS缓解焦虑情绪的最佳选择部位。首先选取右前额叶背外侧进行低频1Hz rTMS刺激，强度为运动阈值的100%，刺激时间6秒，间隔时间4秒，连续刺激100次，输出600脉冲，刺激时间10分钟。之后选取Cz点（鼻额缝至枕外粗隆的前后连线与双耳前窝的左右连线的交点）后1厘米为治疗部位，采用连续性爆发序列刺激方案，强度为运动阈值的80%，丛内频率是50 Hz，丛间频率是5 Hz，合计3个脉冲丛，总共600个脉冲，连续刺激3次，输出1800脉冲，刺激时间2分钟。每天治疗1次，10次一个疗程，一共2个疗程，这样能够抑制脑皮层神经活动，改善失眠症状。

3. 疗效评估

汉密尔顿抑郁量表评估总分下降至6分，缓解率超过50%；汉密尔顿焦虑量表评估总分下降至13分，精神性焦虑、躯体性焦虑、胃肠道症状缓解较为明显；匹兹堡睡眠量表评估总分下降至6分，主观睡眠质量变好、睡眠持续性变长、睡眠效率提高、白天功能紊乱情况得到缓解。

（刘晓丽　周东升）

第五章　儿童青少年心理疾病的物理治疗

顽皮好动的小男孩

【案例】

小C在刚进入环境的时候表现得十分好奇，仿佛想要将房间的每个角落探索一遍，小C显示出明显远离妈妈与外婆的行为特征，"热情"地贴近房间里的其他人主动发起交流，之后又靠近医生开始询问桌子上的东西都是什么。

小C的妈妈说小C是一位小学二年级学生，已经休学在家休息一段时间了。学校的老师以"他对班级其他同学造成了比较大的影响"为由建议小C在家调整好状态以便继续上学。小C的妈妈说小C的老师向她反馈：小C在校期间，上课的时候比较容易分心，总是静不下来，永远都在进行一些事（如手指动作、身体动作等），对老师的提问经常表现出没有听的样子。在学校和同学交往过程中容易有冲动行为，小C不喜欢别人用批评的语句和他说话，一旦发生，就会对同学发脾气、与同学争吵，甚至有一次直接打架。老师在了解情况之后与小C进行沟通，希望他与同学互相理解，小C因此觉得老师不讲道理，对着老师大吼大叫，甚至发脾气把手上的书扔掉了。不仅在学校如此，小C在家会不停跑来跑去，没有停下来的时候。在父母陪伴他完成家庭作业的过程中，总会有各种理由导致长时间完不成作业，或者约定第二天一早起来完成又因其他事情拖到上学。对于这样的情况，父母想了很多解决的办法。小C的妈妈最近因为他比较喜欢乐高，所以经常买很多比较有难度的场景模型和他一起完成，但小C却经常只能完成其中的一个小物件，对此他们非常困扰。在日常生活中，父母也无法完成对小C的正常教导，每次尝试去指正他的不足，就会被他控诉"我有XX理由，你却这样说我"，甚至大吼大叫。

【分析】

注意力缺陷多动障碍（ADHD）是一种神经发育障碍，特征是注意力差、冲动、多动和情绪动机失调，全球儿童青少年患病率约为 7.2%，成人患病率约为 3.4%。

ADHD 与执行功能的关键领域的 deficits 有关，特别是在反应抑制、维持持续注意力、工作记忆和计划方面。特点是多功能和结构神经网络异常，最突出的是额叶网络。功能性磁共振成像显示，与健康对照组相比，ADHD 患者在腭骨前叶皮肤功能方面存在差异，并且从具体意义上讲，在右侧背外侧前额叶皮层功能方面存在差异。通过对抑制性控制和注意任务期间的全脑体素形态测量（VBM）或 fMRI 研究的荟萃分析发现，右腹外侧和背外侧前额叶皮质（VLPFC 和 DLPFC）是 ADHD 中的额基底神经节功能不佳网络，这使右侧的 DLPFC 成为 rTMS 治疗的潜在目标。

【知识点】

冲动是 ADHD 的主要症状之一，经颅直流电刺激（tDCS）是一种非侵入性的，利用恒定、低强度直流电（0～2 mA）调节大脑皮层神经元活动的技术。tDCS 有两个不同的电极及其供电电池设备，外加一个控制软件，设置刺激类型的输出。通过经颅直流电刺激背外侧前额叶皮层（DLPFC）区，不仅可以调节认知功能，而且可以增强 DLPFC 活性，从而改善 ADHD 患者的冲动控制。神经影像学研究发现，前额叶皮层的主要功能是控制认知行为，这些区域的损伤可以导致 ADHD 的核心症状，即冲动性行为的发生增加。

【治疗方案及疗效】

针对多动性障碍，医生推荐小 C 接受重复经颅磁刺激（rTMS）联合经颅直流电刺激（tDCS）物理治疗。采用频率 10 Hz、强度 90% 阈值、1800 个脉冲的 rTMS 刺激右侧背外侧前额叶，以此控制多动。采用 tDCS 阳极刺激左侧背外侧前额叶，阴极刺激右侧背外侧前额叶，强度 2 mA，以此改善注意力缺陷的问题。通过对大脑皮层的调控，可提高大脑皮层神经可塑性，促进大脑神经网络发育。

1. 临床心理测量评估结果

治疗前，医生通过初始访谈对小 C 的注意力、多动/冲动与对立性等维度进行了量化评估。划消测试 E 值（警戒性注意能力指数）为 18.18 分，表现为注意力集中障碍（正常指数为 18.7，及格指数为 18.46，障碍指数为 17.24。低于及格指数者，注意力有严重缺陷或障碍，高于及格指数低于正常指数者，注意力水平偏低，高于正常指数者为注意正常）。SNAP-IV 量表多动/冲动维度为 25 分，对立性维度为 34 分，注意力缺陷维度为 46 分，表现为缺乏克制能力、不服从、对抗、消极抵抗、易激惹或挑衅等，注意力极易受环境影响而分散（多动/冲动维度在 0~1.99 为正常，2~78 被试者表现为由于缺乏克制能力，常对一些不愉快刺激做出过分反应，以致在冲动状况下伤害他人或破坏东西。他们要什么，非得立刻得到满足。他们的情绪不稳，会无缘无故地喊叫或哄闹，又无耐心，做什么事情都急急匆匆。对立性维度在 0~1.99 为正常，2~78 被试者表现为明显不服从、对抗、消极抵抗、易激惹或挑衅等令人厌烦的行为特征。这些特征决定了其给家庭、学校、社会带来的麻烦远较其本人的感受严重。一般对立违抗性障碍不会表现出更严重的违法行为或冒犯他人权利的攻击行为。注意力缺陷维度在 0~1.99 为正常，2~78 被试者表现为注意力极易受环境的影响而分散，因而注意力集中的时间短暂。他们在玩积木或其他游戏时，往往也显得不专心。在上课时，专心听课的时间短暂，对老师布置的作业常听不清，以致做作业时常出现遗漏、倒置和解释错误。他们对来自各方的刺激几乎都起反应，不能滤过无关刺激，所以注意力难以集中）。

2. 治疗方案

右腹外侧和背外侧前额叶皮层（VLPFC 和 DLPFC）是 ADHD 中的额基底神经节功能不佳网络，右额叶背外侧部位是 rTMS 缓解多动性障碍的最佳选择部位。首先使用 tDCS 刺激双侧背外侧前额叶，强度为 1.5 mA，刺激时间 20 分钟。然后选取右前额叶背外侧进行高频 10 Hz rTMS 刺激，强度为运动阈值的 90%，刺激时间 10 秒，间隔时间 10 秒，连续刺激 180

次，输出 1800 脉冲，刺激时间 26 分钟。每天治疗 1 次，10 次一个疗程，一共 4 个疗程。这样可以显著改善 ADHD 患者的抑制控制问题，调节神经功能不佳网络，改善注意力缺陷与抑制性控制不足。

3. 疗效评估

划消测试 E 值（警戒性注意能力指数）为 18.51 分，较治疗前上升 0.33 分，表现为注意力及格。SNAP-IV 量表多动/冲动维度下降 5 分，对立性维度下降 4 分，注意力缺陷维度下降 8 分，显示小 C 在多动/冲动、对立性及注意力缺陷维度上均有不同程度的改善。

此外，小 C 家属在每个疗程的治疗中也有不同的反馈。在第一个疗程结束后，小 C 的父母明显感觉到小 C 的冲动性言语及行为明显减少，之前存在的遗尿情况只在治疗第三天的时候发生过一次，之后再没有发生过；在第二个疗程结束后，小 C 的父母明显感觉到小 C 的注意力较之前集中，学习效率有明显提高；在第三个疗程结束后，小 C 情况基本稳定，目前已返回学校学习。

（邵子华　周东升）

无法控制自己的孩子

【案例】

心思细腻的小陈是一名高一的学生，较之常人更为敏感的他最近越来越苦恼，长期的情绪低落是他生活的主旋律，无法控制的大脑思维活动和行为则是他痛苦的催化剂。

曾经的小陈是个人见人夸的乖小孩，他虽说没有活力四射、阳光灿烂的笑容，但他在父母、老师和同学眼里也总是文质彬彬、谦和有礼的，长久以来的家庭教养和优良的学习成绩更使他做事总要求尽善尽美。然而随着高中学业的开始，身边的同学表现得更有竞争力，小陈开始慢慢有了变

第五章 儿童青少年心理疾病的物理治疗

化,他开始觉得自己身体变得越来越脆弱,经常感到腹痛、呼吸乏力等躯体症状。与此同时,他发现平时得心应手的学习也开始出现明显的障碍,这让他坐立不安、茫然无措。渐渐地,他对自己的表现越来越失望,时而感觉意志消沉,觉得生活是如此无趣,时而觉得自己应该振作起来,不能如此萎靡不振。如此,他脑内的想法越来越多,他开始经常发呆,开始反复思考自己做一件事的意义,对已经发生的事情也要进行长时间的"复盘"。随之而来,他开始反复检查自己的作业是否有署名,上洗手间洗手的频率明显增加,开始抑制不住内心的冲动,长时间被无意义的思考和行为占据,这些都让他越来越痛苦、越来越焦虑不安。"自己是不是一个很奇怪的人""他是不是对我有什么意见""我刚才是不是又说错话了",这些失望的情绪萦绕着他,自卑如影随形,他开始变得沉默,慢慢减少了与同学、老师和父母的交流,学习成绩也一落千丈。如此明显的异常,让他的妈妈也感到了焦虑,数次与他交流,尝试多种方法无果,迫切希望寻求专业医生的指导意见和治疗。

【分析】

强迫症,是一组以强迫思维和强迫行为为主要临床表现的神经精神疾病,其特点为有意识的强迫和反强迫并存,一些毫无意义甚至违背自己意愿的想法或冲动反反复复侵入患者的日常生活。强迫症因其起病早、病程迁延等特点,常对患者社会功能和生活质量造成极大影响。强迫症的病因复杂,尚无定论,目前认为主要与心理、社会、个性、遗传及神经内分泌等因素有关。许多研究表明,强迫症患者在首次发病时常遭受过一些不良生活事件,如人际关系紧张、婚姻遇到考验、学习工作受挫等。强迫症患者个性中或多或少存在追求完美且对自己和他人高标准、严要求的倾向,有一部分患者病前就有强迫型人格,表现为过分谨小慎微、责任感过强、希望凡事都能尽善尽美,因而在处理不良生活事件时缺乏弹性,表现得难以适应。患者内心所经历的矛盾、焦虑最后只能通过强迫症状表达出来。此外,近年来大量研究发现强迫症的发病可能还存在一定遗传倾向,在神经内分泌方面也存在功能紊乱,容易造成 5-羟色胺、多巴胺等神经递质失衡，使其无法正常发挥其生理功能。

案例中的小陈由于学业压力变大，学习过程受挫，从而开始慢慢感觉控制不住自己的思想和行为，随之而来的学习成绩下滑更是让他感到失落和自卑，对各种活动的兴趣减退，出现了较为明显的抑郁情绪。

【知识点】

针对强迫症和抑郁情绪问题，医生建议小陈接受重复经颅磁刺激（rTMS）和经颅直流电刺激（tDCS）联合治疗。rTMS 治疗精神疾病的理论基础是通过强性电流于线圈中产生磁场，以电流互换方式使能量无衰减地穿过颅骨进入大脑皮层，并在相应部位产生微小电流，改变脑局部电流活动。另外，脑部神经电活动可受外源性磁场的影响而发生改变，使大脑皮层神经元的可塑性和兴奋性发生改变，通过不同频率刺激调节大脑皮层产生抑制或兴奋作用，调节神经环路活性，从而对神经精神疾病起到治疗作用。而 tDCS 作为一种简单的、无创的脑部刺激技术，与 rTMS 一样可引起大脑皮层长时间的功能变化。tDCS 在本质上就是在头皮上传递一种低于感知阈值的弱直流电，并且现有研究也表明了恒定电场会穿透颅骨并影响神经元功能。通常，阴极 tDCS（ctDCS）具有抑制作用，而阳极 tDCS（atDCS）可增强大脑皮层兴奋性。例如，通过 atDCS 增加运动皮层的兴奋性会导致运动诱发反应的幅度增加，并增加肌肉长时间收缩的耐力，最终导致运动皮层区域功能的改善。功能神经影像学研究也显示在接受 atDCS 后，大脑皮层运动区的活性增强。

【治疗方案及疗效】

1. 临床心理测量评估结果

治疗前，医生针对小陈的强迫行为、抑郁情绪等进行心理评估。YALE – BROWN 强迫量表中强迫思维指数 13 分，强迫行为 14 分，总分 27 分，存在部分难以控制的想法和行为动作，明知没有必要却无法克制内心冲动，伴有痛苦、焦虑、不安和强烈的紧张心理状态，明显影响日常生活

第五章 儿童青少年心理疾病的物理治疗

和状态。宗氏抑郁自评量表评估总分 60 分，存在轻度抑郁，有时会出现情绪低落，或感觉没有愉快的心情，兴趣感减退，觉得以往喜欢的事也没有吸引力。宗氏焦虑自评量表评估总分 60 分，存在中度焦虑，内心烦躁感明显增多，经常出现害怕、紧张、焦虑等情绪，同时伴有心慌、呼吸加快、坐立不安、饮食欠佳等躯体状况。

2. 治疗方案

首先使用 rTMS 进行治疗，刺激强度为 80% 运动阈值，频率 10 Hz，每序列刺激时间 4 秒，序列间隔 56 秒，每天连续进行 20 个序列，将直径为 70 毫米的"8"字形线圈固定于左侧前额叶背外侧皮层区，与头皮表面相切，每天治疗 1 次，10 次一个疗程，一共两个疗程。然后使用 tDCS 刺激双侧背外侧前额叶，强度为 1.5 mA，刺激时间 20 分钟。

3. 疗效评估

治疗结束后，小陈明显感觉到强迫行为的减少，且抑郁情绪减退，心理量表评估显示，YALE – BROWN 强迫量表中强迫思维指数 7 分，强迫行为 6 分，总分 13 分，说明小陈在强迫思维和强迫行为两个方面有明显的改善。

（庄文豪　周东升）

又找到了快乐的女孩

【案例】

佳佳，女，高中二年级学生，自今年 9 月开始出现抑郁情绪，心境持续低落，一周前开始出现自伤行为，在父母的陪同下前来就诊。

孩子刚坐下时，低着头，双手不停地互相揉搓。医生轻声问她怎么了，她的头更深地低了下去，不说话。在佳佳的胳膊上发现一些划痕和伤

疤。一旁焦急的父母表示，今年 9 月开学后，逐渐发现孩子放学回家后不怎么说话了，饭量也减少了，经常自己待在房间里锁着门，有时还会听到房间里传出孩子的哭泣声。老师也有跟父母反映，孩子上课注意力不集中，学习主动性下降，成绩有所下滑。父母经过与孩子的多次沟通，得知原来佳佳在跟喜欢的男生表白后被拒绝了，于是对孩子进行了开导，以为时间长了就没事了。然而，上周佳佳同学跟老师反映，看到佳佳拿美工刀在胳膊上划了几道口子。老师联系父母，建议带佳佳休学就医，他们这才发现女儿的心理可能患上了疾病。

在医生的耐心询问下，佳佳诉说道，自己暗恋班上一个男生很久了，这学期开学时终于鼓起勇气表达了自己的心意，却被男生冷漠拒绝。佳佳认为一定是因为自己不够好，长得不好看，学习也一般，对方才不喜欢自己的。于是，佳佳逐渐开始自卑、羞愧，觉得没脸见人，每天没有胃口吃饭，以前的兴趣爱好（如追电视剧、画画）也不想做了，经常想哭，觉得自己不够好。佳佳说她讨厌自己，只有在伤害自己的时候才能感受到快乐。父母在一旁听着，满眼心疼。

【分析】

本案例是典型的青春期早恋未得到有效引导引起的抑郁发作问题。青春期正是青少年情窦初开的时候，在表白被拒后，由于青春期女孩比较敏感脆弱，佳佳便表现出自卑情绪，并且产生是自己不够优秀才导致对方不喜欢自己的错误认知。在未得到有效引导后，佳佳陷入自卑自责的情绪中，越发讨厌自己，最终导致抑郁发作，做出自伤的行为。

【知识点】

抑郁症是最常见的青少年情绪障碍疾病之一。抑郁症是现在最常见的一种心理疾病，以连续且长期的心情低落为主要的临床特征。抑郁发作的主要表现有：①持续的心境低落。显著而持久的情感低落，抑郁悲观。在心境低落的基础上，会出现自我评价降低，产生"三无感"，即无助感、无望感、无用感，并常伴有自责。②兴趣减退或愉快感缺乏。对以往喜欢的事情、活动不再感兴趣，无法从中获得愉快感。③精力不足、精力下降，或者身体疲乏无力。常常在稍微做点事后即感到明显的疲倦。④思维迟缓。思维联想速度缓慢，反应迟钝，"脑子像生锈一样"。临床上可见主动言语减少，语速明显减慢，严重者交流无法顺利进行。⑤意志活动减退。意志活动呈显著持久的抑制。临床上可见行为缓慢，懒散，不愿做家务，常独自一人坐在角落发呆，或整日卧床，疏远亲友，回避社交。伴有焦虑的患者，可有坐立不安、搓手顿足等症状。⑥认知功能损害。即时/延迟记忆力下降，反应速度延迟，注意力障碍，语言流畅性差，抽象思维能力差，学习效率下降。认知障碍损害直接影响着患者的预后。⑦躯体症状。主要有睡眠障碍、乏力、食欲减退、体重下降、便秘、身体任何部位的疼痛等。睡眠障碍主要表现为早醒，一般比平时早醒约2个小时，醒后不能再入睡，这对抑郁发作具有特征性意义。也有的表现为入睡困难，睡眠不深。少数表现为睡眠过多。⑧严重者可出现非自杀性自伤行为。患有抑郁症的青少年常出现非自杀性自伤行为（NSSI），NSSI在青少年及年轻成人中最为常见，12~14岁是高峰期。NSSI是指个体直接、故意损害身体组织，但并不打算造成死亡。切割是NSSI最常见的形式，其他形式包括烧灼、刮擦/划伤皮肤、干扰伤口愈合、击打、咬伤、自我投毒，以及有目的性地参与非娱乐性的高危活动等。

【治疗方案及疗效】

1. 临床心理测量评估结果

佳佳之前在别的医院有看过，医生诊断为抑郁症，一直在口服草酸艾司西酞普兰片，但是效果不佳，且出现一定的副反应，如白天嗜睡严重，父母曾经给佳佳停药，停药后佳佳出现更明显的抑郁症状和头晕、睡眠障碍等问题，所以父母这次带佳佳再次复诊。入组时，用了近红外和脑电去检测佳佳的脑激活情况，发现她的左侧额叶激活低，右侧过高，脑电波形也反映抑郁情绪严重，汉密尔顿抑郁量表评估总分达到惊人的35分，汉密尔顿焦虑量表评估总分也有21分，匹兹堡睡眠量表也显示出较差的睡眠情况。

2. 治疗方案

由于佳佳还是高中二年级的学生,父母想着尽量不耽误孩子学习,所以要求不住院,咨询医生有什么好的方案来改善这种症状。

医生给佳佳推荐了物理治疗,物理治疗是一种非侵入性脑刺激技术,近些年逐步应用于临床,其疗效的可观性和安全性,使得该类技术成为临床神经精神领域的研究热点。由于佳佳只能周末来治疗,结合抑郁症的诊断,医生给她推荐了单日连续多次的左侧高频重复经颅磁刺激(rTMS)。rTMS 是通过放置在头皮上方的线圈内产生间断瞬时的(100 微秒)脉冲电流,间断发放时变磁场(1.5~2 T)穿透颅骨,在脑内产生感应电流,影响神经元的活动。重复刺激强度,通常由患者特定的运动诱发电位(MEP)阈值来校准。rTMS 根据磁场脉冲发放频率不同,可分为:低频(≤1Hz)、高频(>1Hz)和不同类型的爆发式刺激(如 θ 波脉冲刺激)。rTMS 深度取决于刺激强度,一般深度为头皮下 1.5~3 厘米。然而,大脑皮层兴奋性的调节,取决于刺激频率参数。一般来说,高频率(如 20 Hz)增加皮层兴奋性和低频率(如 1 Hz)抑制皮层的兴奋性。rTMS 治疗后产生的后效应会持续几分钟到 1 个小时,如果日常连续刺激,则会产生持续更久的治疗后效应,重塑神经突触,影响大脑记忆的形成或神经精神症状。

3. 疗效评估

经过两天的治疗,佳佳情绪稳定了很多,焦虑也缓解了,父母看到佳佳好转的情况,请了 3 天假,又经过 3 天的治疗,佳佳感觉自己轻松了很多,近红外也提示左侧脑激活程度提高,抑郁和焦虑量表评分都下降了,也能睡着了。现在每周末来做一个维持治疗,不耽误平时的学习,周末治疗采用强化加速治疗方法,能保持稳定的疗效。父母明显感觉到佳佳的情绪有所好转,脸上又出现了笑容,注意力较之前集中,学习效率有明显提高。佳佳的情况目前基本稳定,她表示自己又能感受到生活的快乐了。

(黎兴兴 周东升)

第五章 儿童青少年心理疾病的物理治疗

灵感缺失的高中生

【案例】

薇薇,女,高一学生,一年前逐渐出现失眠、入睡困难、多思多想,并伴有早醒。凌晨三四点就醒来,再次入睡困难。总感到莫名其妙的失落,容易心烦、不开心,在父母的陪同下前来就诊。薇薇主动向医生述说自己的情况:自己最近一个多月心情很烦,不知道是不是因为学习压力太大,平时自己还会写一些小文章发表,但最近特别没有灵感,一个字都写不出来,白天也感觉提不起精神上课,做事毫无兴趣,学习效率下降,不愿意去读书。薇薇情绪容易烦躁,稍微遇到一点小事就会发脾气,自己也知道这样的行为不对,但是就是控制不住自己,之后心情就会非常低落,郁郁寡欢,严重时甚至多次用刀划伤手,有时整天闭门不出。近一周,薇薇干脆就躺在床上,也不去上学了。

医生在和薇薇交谈时,她的话很少,但可能因为她平时爱写小说,所以可以顺利描述清楚内在的情绪和感受。薇薇很喜欢画画,医生要求她画一幅有房、有树、有人的画。从画中可以看出孩子目前比较孤独,压力很大,有很多焦虑、抑郁的情绪,不知道如何和妈妈交流,很无助、自卑,也缺乏情感的支持。当和薇薇谈论画中小女孩的经历和感受时,薇薇说道,感到学业压力大,写小文章的时间明显减少,灵感缺失的时候、一个字都写不出来的时候,自己就会很烦,生自己的气,觉得自己怎么那么笨呢,心里难过,却没有人可以诉说,入睡很困难,脑袋总是会想很多乱七八糟的事情,在床上翻来滚去、烦躁不安,凌晨三四点醒来后就再也睡不着了,情绪、睡眠问题引起了很大困扰,严重影响了薇薇的学习生活,她想要自我调整,但是不知道该如何做,想通过看心理医生来寻求帮助。

【分析】

2021年,中国科学院心理研究所发布的《中国国民心理健康发展报告

(2019—2020)》显示，2020年中国青少年的抑郁检出率为24.6%，其中，重度抑郁检出率为7.4%，抑郁症成为当前青少年健康成长的一大威胁。

有研究显示，失眠和抑郁症之间在症状层面及疾病层面上均有密切的关系，大多数情况下两者是以共病形式存在的，约70%的抑郁症患者同时合并有不同程度的失眠，而失眠患者中，抑郁症的合并率比非失眠患者的抑郁症的合并率高出3~4倍。国外有研究显示，失眠患者同时合并有中重度焦虑、抑郁状态的比例分别是54%和31%。本案例是典型的学习压力大引起的抑郁伴失眠问题。进入高中后，薇薇学习压力过大，导致学习与兴趣爱好不能兼顾。当学业遭遇困难，写小文章的兴趣也受到阻碍时，薇薇心理调节失衡，加之父母对薇薇学业的要求，多个方面的原因引起了较大强度的精神压力和焦虑抑郁情绪，进而导致失眠。

【知识点】

抑郁症是以情绪障碍为主的精神心理障碍疾病，它会导致患者出现情绪低落、兴趣丧失、失眠焦虑等症状，严重的还会出现悲观厌世、放弃自我的念头。青少年处于心理发展的关键时期，尤其是初高中生，这个年龄段的孩子自我意识逐渐增强，更容易在学业负担繁重、沉迷手机网络游戏、交友恋爱受挫等问题上产生抑郁情绪。有的青少年虽然没有出现轻生念头，但是出现了自伤行为。临床上时常见到一些青少年拿小刀在自己的手臂上划出一道道伤痕，以此发泄情绪。失眠是抑郁症的核心症状之一。近几年的研究表明，抑郁症和失眠之间的关系是双向的，长时间失眠也会诱发抑郁症。

【治疗方案及疗效】

1. 临床心理测量评估结果

刚开始治疗时，医生用了近红外和脑电去检测薇薇的脑激活情况，发现她的左侧额叶激活低，右侧过高，脑电波形也反映抑郁情绪严重，汉密尔顿抑郁量表评估总分22分，汉密尔顿焦虑量表评估总分16分，匹兹堡

第五章 儿童青少年心理疾病的物理治疗

睡眠量表评估总分 15 分,薇薇存在精神性焦虑、躯体性焦虑,且睡眠质量较差。

2. 治疗方案

薇薇之前在别的医院有看过,医生诊断为抑郁症,给予过心理治疗,但疗效不理想,所以来这里是为了进一步求诊。由于薇薇是高一的学生,父母希望能在不服药的情况下改善现有症状。

医生推荐薇薇接受重复经颅磁刺激(rTMS)加经颅直流电刺激(tDCS)的联合物理治疗。tDCS 分为阴极刺激和阳极刺激两种。直流电电极的阳极靠近神经细胞胞体或树突时,静息膜电位降低,发生去极化,被刺激部位的皮层神经元兴奋性增强;阴极靠近则静息电位升高,发生超极化,抑制刺激部位神经元的兴奋性。tDCS 治疗是利用电流从阳极流动到阴极,一部分电流通过头皮,一部分通过大脑,刺激大脑皮层,调节大脑皮层兴奋性,进而改善情绪问题和睡眠质量。

rTMS 治疗方案:首先选取右前额叶背外侧进行低频 1 Hz rTMS 刺激,强度为运动阈值的 100%,刺激时间 6 秒,间隔时间 4 秒,连续刺激 100 次,输出 600 脉冲,刺激时间 10 分钟。之后选取 Cz 点(鼻额缝至枕外粗隆的前后连线与双耳前窝的左右连线的交点)后 1 厘米为治疗部位,采用连续性爆发序列刺激方案,强度为运动阈值的 80%,丛内频率是 50 Hz,丛间频率是 5 Hz,合计 3 个脉冲丛,总共 600 个脉冲,连续刺激 3 次,输出 1800 脉冲,刺激时间 2 分钟。每天治疗 1 次,10 次一个疗程,一共 2 个疗程。

tDCS 治疗方案:电流通过两个海绵电极(表面积 = 25 平方厘米)施加,调节电流强度 1~2 mA,先用生理盐水湿润电极和头皮,将阳极电极刺激左侧背外侧前额叶皮层,阴极电极刺激右侧背外侧前额叶皮层,每次治疗 20 分钟,每天治疗 1 次,10 次一个疗程,一共 2 个疗程。

3. 疗效评估

经过将近一个疗程的治疗,薇薇自述情绪稳定很多,心情好了很多,

能感觉到开心了,焦虑情况也得到缓解,晚上也能睡着了。又经过一个疗程的治疗,薇薇感觉自己轻松了很多,近红外也提示左侧脑激活程度提高,抑郁和焦虑量表评分都有所下降,薇薇的情况目前基本稳定,虽然暂时依旧无法继续撰写小文章,但是她对自己充满信心,相信自己能重新拾起这个兴趣爱好。

(周琪 周东升)

爱眨眼、耸肩的小女孩

【案例】

小雨今年11岁,小学生,长得白白净净的,人很机灵,但从3岁时她就开始反复出现眨眼、耸肩、仰头、甩头的行为。小雨父母认为不停眨眼、耸肩是不良习惯,不是病。因此,一直未带其就诊。

随着孩子年龄的增长,爱美的小雨渐渐地认识到自己和别的同学不一样,有的时候不经意地眨眼、甩头会受到同学的嘲笑,久而久之,小雨逐渐产生自卑心理,开始变得不自信,情绪容易激动,感情脆弱。父母有时候也会指责小雨眨眼、甩头的行为,给孩子造成了沉重的心理负担。而小雨在平时做事情的时候,无法集中注意力。例如,经常会有意识地观察他人是否在关注自己有没有异样。在校期间,特别是临近考试时,她眨眼、甩头等行为会出现得更加频繁。在考试时遇到不会的题目,她也常常会仰头、甩头、耸肩,以至于学习成绩下降明显。小雨在学校做广播体操时,也会不由自主地甩头、耸肩,且经常会在甩头的时候碰到别的同学,以至于经常产生自责情绪。父母这才意识到小雨问题的严重性,于是到带小雨到医院就诊。

【分析】

儿童抽动症是多发于儿童期的运动性或发声性肌肉痉挛,主要表现为不自主、刻板的动作，多首发于头面部，如频繁地眨眼、做怪脸、摇头、发出咳嗽声、发出清嗓声等。该病是一种慢性疾病，临床特征表现为反复、不规则、快速、不自主地在同一部位或多个部位进行肌肉抽动和（或）发声抽动。儿童抽动症多起病于儿童青少年时期，男孩患病数量多于女孩，发病后无法很快得到控制，会给患儿的生活、学习和社会交往造成很大麻烦，而且会给父母造成较大的心理负担。

【知识点】

经颅磁刺激（transcranial magnetic stimulation，TMS）由Barke于1985年创立。基于电磁感应与电磁转换原理，用刺激线圈瞬变电流产生的磁场穿透颅骨，产生感应电流刺激神经元引发一系列生理、生化反应。作为非侵入性刺激技术，TMS作用于人脑引起神经活动的改变，可检测到运动诱发电位（motor evoked potential，MEP），脑电活动变化，脑血流、代谢和大脑功能状态改变。其微观作用包括细胞膜电位、动作电位、神经递质、受体、突触、神经可塑性发生变化。

重复经颅磁刺激（rTMS）作为一种无创、无痛、安全的神经调控技术，能够对所刺激区域大脑皮层具有兴奋、抑制双向调节性作用。低频（≤1Hz）rTMS对治疗部位皮层兴奋性具有抑制作用，而高频（5~20 Hz）rTMS可以增加治疗部位皮层的兴奋性。

辅助运动区（SMA区）在运动回路、发音、边缘系统和认知上起到关键的调控和连接作用，即SMA区不仅控制皮层触觉运动中枢，执行运动意向、语言等高级功能，同时也是基底核输出的最终靶点之一。SMA区兴奋可引起上下肌收缩、躯干肌收缩、头眼转动、模仿行为等运动行为症状。

【治疗方案及疗效】

1. 临床心理测量评估结果

儿童抽动症主要与以下因素相关：遗传、脑结构或功能异常、神经生化异常、心理压力及免疫力低下。儿童抽动症与多种神经递质紊乱相关，如多巴胺、去甲肾上腺素及 5-羟色胺等。因此，目前临床主要使用精神类药物治疗儿童抽动症，但精神类药物不良作用明显，父母一般难以接受，而且儿童用药依从性较差，因此疗效欠佳。研究表明，采用物理治疗对儿童抽动症具有显著疗效。本案例中，小雨的耶鲁综合抽动严重程度量表（YGTSS）评分为 17 分。

2. 治疗方案

针对小雨的抽动行为，医生建议接受重复经颅磁刺激（rTMS）治疗。

所以，医生给小雨采用低频（≤1Hz）rTMS 刺激，通过抑制其 SMA 区大脑皮层兴奋性从而达到治疗作用。在小雨放松状态下，刺激大脑皮层拇短展肌运动区，测定其静息运动阈值（RMT）。治疗时，取半卧位，戴上耳塞，使线圈中点正对其辅助运动区，并与头皮相切。给予刺激频率 1Hz，刺激强度为 90% RMT，间歇时间为 1 秒，脉冲数为 1800，刺激时间 30 分钟，每天 1 次，每周 5 天，10 次为一个疗程，共治疗 2 个疗程。

3. 疗效评估

小雨经过 2 个疗程的治疗，其耶鲁综合抽动严重程度量表（YGTSS）评分为 6 分，降低了 11 分，其眨眼、甩头行为基本消失。

（胡宏娟　徐学文）